金融DX、
銀行は生き残れるのか

遠藤正之

JN009590

光文社新書

まえがき――FinTechから金融ＤＸへ

「銀行の機能は必要だが、今ある銀行は必要ない」

「銀行は生き残れるのか」というのがこの本のテーマである。１９９４年、マイクロソフト創業者のビル・ゲイツ氏は、「銀行の機能は必要だが、今ある銀行は必要ない」という趣旨の発言をしたといわれている。最近、この言葉が各所で採り上げられるようになってきた。

銀行は社会にとって本当に必要不可欠な組織なのか。社会が銀行に求めている必要な銀行機能とは何なのか、その本質的機能を踏まえ、銀行が取り組むべき戦略にはどのようなものがあるのか。この本で読者の皆様と一緒に考えたい。

さて、まずは銀行の経営状況について見てみよう。２０１６年３月期と２０２１年３月期の５年間の変化について、メガバンク３行、地銀上位４行に、本書で採り上げる北國銀行、インターネット専業銀行２行の決算書の計数を比較する（表０－１、次ページ）。２０１６年

銀行名	2016年３月期単体決算				2021年３月期単体決算			
	経常収益（百万円）	経常利益（百万円）	経常利益率	資金量（億円）	経常収益（百万円）	経常利益（百万円）	経常利益率	資金量（億円）
三菱UFJ	2,925,593	863,736	29.5%	1,319,865	2,635,402	202,247	7.7%	1,822,399
三井住友	2,277,812	747,892	32.8%	988,397	2,283,356	436,062	19.1%	1,346,855
みずほ	2,251,728	704,076	31.3%	1,001,970	2,132,943	278,066	13.0%	1,282,790
横浜	280,550	108,433	38.7%	126,808	214,956	44,800	20.8%	162,403
千葉	205,368	79,664	38.8%	111,402	199,206	64,237	32.2%	141,045
福岡	171,324	66,806	39.0%	91,581	178,348	65,648	36.8%	124,207
静岡	186,952	66,073	35.3%	90,023	180,067	51,506	28.6%	111,519
北國	64,125	16,638	25.9%	30,914	68,414	11,283	16.5%	39,764
住信SBIネット	57,576	12,206	21.2%	34,469	75,285	20,608	27.4%	62,938
楽天	69,886	18,747	26.8%	17,235	102,442	27,870	27.2%	57,655

筆者作成

表０-１　主要銀行の2016年３月期と2021年３月期の単体決算計数比較

1月にマイナス金利政策が開始されたので、マイナス金利下の5年間の変化ということになる。

表を見ると分かるように、メガバンクの利益額、利益率の低下が顕著である。地方銀行も低下しているが、福岡銀行のように利益をおおむね維持しているところもある。一方でインターネット専業銀行は、利益額、利益率とも大きく伸ばしている。店舗を持たないために経費を抑えながら業容と利益の拡大ができている。メガバンクや地方銀行のように、店舗営業が基本の銀行は非常に危機感を感じていることが窺える。

銀行ＩＴにおける三つの変化

筆者は元々メガバンクに勤務しており、２０１５年から大学に移り、金融ＩＴ、とりわけ銀行ＩＴに関する研究を進めてきた。現在、銀行ＩＴに関して大きな変革が起きていることを次の三つの点で実感する。第一に、銀行の一部機能が銀行以外のサービスにとって代わられるような動きである。第二に、そもそも銀行を通さない決済の仕組みがだんだんと広がりつつあることである。第三に、一般の企業が銀行機能を保有する動きである。

第一の、銀行の一部機能が銀行以外のサービスにとって代わられるような動きは、２０１５年頃からFinTech（以下、フィンテック）と呼ばれる金融でのイノベーションが注目される中で生じてきた。

例えば企業は資金調達する際、銀行からの融資を受けるか、証券市場で債券や株式を発行してきたが、最近ではクラウドファンディングのようなウェブ上の仕組みで、一般の人々のお金を集めることができるようになった。クラウドファンディングは、資金供給者へ「お返し」があるか否か、またどのような形で返すのかによって、寄付型、購入型、投資型、融資型に分かれるが、いずれも資金を集める側にとっては銀行融資や証券発行に代わる資金調達方法である。特に日本でのクラウドファンディングは、東日本大震災の後、復興支援等のプロジェクトが多く立ち上がった点に特徴がある。２０２０年に起きた新型コロナウイルスによるパンデミックで人の流れが抑制される中でも、旅行や飲食関連での事業者への支援で、クラウドファンディングは前年より大きく増加した。

第二の、そもそも銀行を通さない決済の仕組みの広がりは、２０１８年頃から大手通信キャリア、大手ＳＮＳ企業が決済事業に大きく進出してきたことが注目される。２０１８年４月にＮＴＴドコモが提供するｄ払いが始まり、２０１８年10月にソフトバンク系のPayPayが開始された。それ以前にサービスを開始していたLINE Pay、楽天ペイ等と激しいポイント還元によるＱＲコード決済のユーザー拡大競争を行ったのは記憶に新しいところである。２０２１年には、事前にクレジットカード等の登録をせずに後払いの可能な「バイ・ナウ・ペイ・レイター」（ＢＮＰＬ）型のサービスも普及してきた。

第三の、一般の企業が銀行機能を保有する動きは、企業が銀行の代理店となることで、あたかも一般企業が銀行業を営んでいるかのような形でのサービス提供が可能となった。その裏には、企業に銀行機能を提供する銀行が出てきたこともあるともいえよう。代表例は、住信ＳＢＩネット銀行のシステムを利用して、日本航空（ＪＡＬ）が２０２０年４月から開始した「ＪＡＬ ＮＥＯＢＡＮＫ」である。この「ＪＡＬ ＮＥＯＢＡＮＫ」は、アプリで円預金や外貨預金を提供し、独自のキャッシュカードも提供するもので、銀行の基本的機能を備えている。外貨預金の残高に応じてマイレージプログラムのマイルを提供するなど、航空機利用者が使いたくなる仕組みが組み込まれている。

以上、銀行ＩＴに関しては現在三つの変化が起きてきているが、これらはあくまで個人向けの機能が中心で、企業向けの融資や外国為替の機能などは、まだ銀行に強みが残っているという指摘があるだろう。現時点では確かにそうだが、この変革の速さからすると、早晩、銀行でなければならない機能は少なくなっていくのではないか。

フィンテックの着目テーマの変化

元々は金融業界視点でのイノベーションであったフィンテックは、その後、徐々に企業活動や個人の生活を大きく変革し始めた（表０‐２、次ページ）。その流れを追っていこう。

２０１２年頃、金融関連のスタートアップ企業の活動が開始した。例えば、２０２１年に東証１部（現東証プライム）に上場したマネーフォワード、２０１９年に東証マザーズ（現

年	FinTech 関連の代表的な動き
2012年頃	金融関連のスタートアップ企業が順次活動開始
2015年	FinTech元年、FinTechへの注目が集まり、銀行の取り組みが始まる
2016年	ブロックチェーン活用への注目が集まる
2017年	仮想通貨の利用者の拡大と高騰、FinTechの企業取引での活用がテーマになる
2018年	仮想通貨バブル崩壊、キャッシュレスに注目が集まる
2019年	異業種のキャッシュレス参入本格化による合従連衡、消費税ポイント還元施策
2020年	キャッシュレス事業者の集約、銀行API接続契約期限の到来
2021年	組込み型金融（Embedded Finance）への注目、金融サービス仲介業の開始
2022年	銀行勘定系システム更改の本格化、世界的デジタルプラットフォーマーの金融進出本格化（？）

筆者作成

表０-２　FinTechから金融DXへの変遷

東証グロース）に上場したfreeeは、それぞれ２０１２年５月、２０１２年７月の創業である。

金融業界がフィンテックの活用に着目し出したのは２０１５年である。実際、金融の専門誌である「週刊金融財政事情」がフィンテックに関して特集を最初に組んだのが、２０１５年２月２日号の「フィンテックを取り込め」だった。一方、ＩＴの専門誌である「日経コンピュータ」が最初に特集を組んだのが、２０１５年８月６日号の「FinTech 金融を変えるのは銀行ではない」である。また、フィンテックが金融庁の方針文書に最初に取り上げられたのは、２０１５年９月18日に公表された「平成27

事務年度金融行政方針」であった。

２０１６年には、仮想通貨とその基礎技術であるブロックチェーンが注目を集めた。そして日本では、２０１６年５月に仮想通貨が金融規制の対象となり、交換業者の登録制が定められた。

２０１７年には仮想通貨が高騰した。特にビットコイン以外の仮想通貨であるアルトコインの高騰が目立った。また同年は、企業向けのフィンテックが注目されるようになった年でもある。会計や資金調達分野でのフィンテックサービスが注目されたのだ。

会計では、企業の会計ソフトをインストール型ではなく、クラウド上で提供するクラウド会計ソフトが代表例である。マネーフォワードやfreeeがこの分野での代表的なサービス提供企業で、この発展によって2社は上場を果たすことになる。資金調達分野では、ウェブ上で融資を申し込みして審査が行われるオンラインレンディングのサービスが、地方銀行である福岡銀行で開始された。

２０１８年は、1月に大手仮想通貨交換業者であったコインチェック社からの仮想通貨の流出事案が発生し、仮想通貨は下落局面に入った。その一方で、経済産業省から4月に「キャッシュレス・ビジョン」が公表され、２０２５年の大阪万博までのキャッシュレス決済比率40%が目標として掲げられた。２０１８年は、先述したように大手通信キャリア、大手ＳＮＳ企業の決済事業への本格的進出があるなど、キャッシュレスが大きな国内経済のテーマとなった。

２０１９年は、経済産業省主導での消費税ポイント還元策によるキャッシュレスの推進が図られた。キャッシュレス事業者に関しては合従連衡《がっしょうれんこう》が起きるなど、選別期に入った。

２０２０年は、キャッシュレスに関しては、1月にスタートアップ企業が母体でありながら健闘していたOrigami Payがメルペイに吸収される等の動きがあった。その後、新型コロナウイルスのパンデミックが発生した。利用者の残高や取引明細を、銀行から入手する電子決済代行業者と銀行とのＡＰＩ接続契約の締結を行う期限が２０２０年の5月から9月に期限延長されたが、ほぼすべての銀行で対応が完了した。ＡＰＩとはApplication Programming Interfaceの略で、システムを他のシステムとつなぐ際の入り口である。

２０２１年は、先述した日本航空（ＪＡＬ）のような、一般企業に、金融機能を組み込む組込み型金融（Embedded Finance）が注目を集め、11月には金融サービス仲介業という金融業横断の新事業形態が開始された。

２０２２年は、銀行勘定系システム更改計画の本格化と世界的プラットフォーマーの金融進出が本格化する可能性があると予想している。

ＤＸの進展

次に、我が国におけるＤＸ（デジタルトランスフォーメーション）の進展を見ていこう。なお、デジタルトランスフォーメーションのトランスフォーメーションをＸと略すのは、英語で trans をＸと表記する慣習によるものである。

我が国でデジタルトランスフォーメーションが大きく採り上げられたのは、２０１８年９月に経済産業省のデジタルトランスフォーメーションに向けた研究会で取りまとめた「ＤＸレポート」だった。その後、続編として２０２０年12月には「ＤＸレポート２」、２０２１年８月には「ＤＸレポート２・１」が出されている。

一般的にＤＸという言葉が使われるようになったのは２０２０年頃からだろう。ＤＸは「物流ＤＸ」や「農業ＤＸ」といったように様々な産業で表現され、政府や官公庁でもＤＸを推進するために２０２１年９月にはデジタル庁が設置された。金融関連では、フィンテックという言葉は金融の世界のみで通用するイメージがある。だが本書では、企業や個人とデジタルでつながる世界を実現する金融機能の実現という意味で「金融ＤＸ」という言葉を用いる。

金融ＤＸの本質に着目

本書では、２０２２年開始時点での銀行の状況、金融関連サービスのＤＸの進展状況や課題に迫っていく。本書を読むことで、金融ＤＸの全体像と将来展望や課題を知っていただくことができると考えている。

第１章では、３メガバンク、すなわち三菱ＵＦＪフィナンシャルグループ（ＭＵＦＧ）、三井住友フィナンシャルグループ（ＳＭＦＧ）、みずほフィナンシャルグループ（みずほＦＧ）の取り組みを採り上げる。この３メガバンクでは大規模銀行としての様々な取り組みがサービス分野で行われている。一方で、大規模であるがゆえに巨大な勘定系システム（顧客の口座や融資の残高管理、利息計算、入出金や振込、送金の処理、他の金融機関との資金決済などを実行する重要な業務システム）を保持しなければならず、そのための制約があることも明らかにしていく。

第2章では、地方銀行の取り組みを採り上げる。地方銀行はメガバンクよりは規模が小さいため、システムへの投資余力も小さいが、特色ある取り組みが行われており、その事例を採り上げる。勘定系システムのクラウド化に取り組む北國銀行や、ふくおかフィナンシャルグループのように、デジタルバンクを開業する取り組みが代表的な例である。さらにシステム共同化の中でオープン化を図る横浜銀行等の事例にも着目する。

第3章では、デジタル地域通貨で地域を活性化する取り組みを採り上げる。具体的には、飛騨信用組合が取り組む地域通貨「さるぼぼコイン」を中心とした、高山や飛騨での地域活性施策に着目する。

第4章では、フィンテックスタートアップであり、共に上場を果たした企業会計分野でライバルでもあるマネーフォワードとfreeeのサービスが訴訟まで行った攻防について、様々な角度から紹介し考察していく。

第5章では第4章とは異なり、成功した企業とそうでない企業の差が大きくついた、個人向けの投資の分野でのフィンテックスタートアップ企業の差を分析して考察する。具体的には、ロボアドバイザーサービスやソーシャルレンディングのサービス企業に関して採り上げる。

第6章では、ふくおかフィナンシャルグループが開業したデジタルバンク「みんなの銀行」等のビジネスモデルと、従来のインターネット専業銀行の違いについて、経営戦略やビジネスモデル、ターゲット顧客の違いを考察していく。

第7章では、キャッシュレスサービスの中で、クレジットカード、デビットカード、ＱＲコード決済等の現状と、今後の発展について検討し、ＧＡＦＡに代表される世界的プラットフォーマー企業の日本への進出があるのかを考察する。

第8章では、銀行のビジネスモデルがどう変わっていくのかを検討する。従来の収益源であった業務に、フィンテックスタートアップ企業や異業種の企業が進出することで、いわゆる「土管化」（顧客に直接サービスや商品を提供せず、インフラのみを提供する事業者になってしまうこと）が起こってしまうのか、むしろ汎用的なシステム機能を提供することで生き残っていくことができるのかについて、メガバンクやインターネット専業銀行の事例で考察していく。

＊　＊　＊

本書は、金融ＤＸに向から様々な断面により、今後の金融サービスの変化を一般のサービス利用者の方々にも伝えつつ、金融事業の担い手の皆様にも立ち止まって考えていただく材料を提示することを狙う。我が国の金融サービスが進展し、諸外国にも誇れるようなサービス体系になることを祈念するものである。

金融とＩＴという、二つのエリアにまたがる金融ＤＸの本質を、多くの読者の皆様に少しでもお伝えできれば幸いである。

金融ＤＸ、銀行は生き残れるのか　目次

第1章

メガバンクのジレンマ

１・１　３メガバンクの金融ＤＸ

日本の銀行の状況

１９８９年の時点では、全国展開する都市銀行は13行（第一勧業、富士、三菱、住友、三和、三井、太陽神戸、東海、東京、大和、協和、埼玉、北海道拓殖）、長期信用銀行が3行（日本興業、日本長期信用、日本債券信用）あった。そして、大手銀行は世界の時価総額ランキングでも上位を占めていた（表１－１）。

それが、１９９０年～２００８年にかけて統合再編が起こり、２０２１年時点では、３メガバンク（三菱ＵＦＪ、三井住友、みずほ）とりそな、埼玉りそなの5行となっている（埼玉りそなは都市銀行に入れないという分類もある）。２０２１年の時点では、日本企業は時価総額ランキングで最上位のトヨタ自動車ですら40位と低迷している。しかしながら、都市銀行が合併したメガバンクは、三菱ＵＦＪ銀行、三井住友銀行、みずほ銀行、それぞれ個人３４００万人、２７００万人、２４００万人の口座取引を顧客基盤としている。

預金、または貯金を受け入れるためには免許が必要で、免許を取得した金融機関を「預金

	1989年		2021年9月	
	企業名	時価総額（億ドル）	企業名	時価総額（兆ドル）
1	NTT	1638.6	アップル	2.46
2	日本興業銀行	715.9	マイクロソフト	2.29
3	住友銀行	695.9	アルファベット	1.93
4	富士銀行	670.8	サウジアラムコ	1.87
5	第一勧業銀行	660.9	アマゾン・ドット・コム	1.76
6	IBM	646.5	フェイスブック	1.05
7	三菱銀行	592.7	テスラ	0.76
8	エクソン	549.2	バークシャー・ハサウェイ	0.63
9	東京電力	544.6	台湾積体電路製造	0.56
10	ロイヤルダッチシェル	543.6	エヌビディア	0.56
11	トヨタ自動車	541.7	テンセント	0.55

出典：1989年ランキングは週刊ダイヤモンド2018年8月25日号、2021年9月ランキングはブルームバーグ2021年9月16日「世界の時価総額トップ10から中国企業消える」より

表1-1　時価総額ランキングの比較

取扱金融機関」と呼ぶ。これには銀行以外の、信用金庫などの協同組織金融機関も含まれる。預金取扱金融機関は、受け入れた預金（貯金）で事業者への融資や個人のローン等を行うことが基本的な業務スタイルである。したがって、サービスは同質化しやすくなる。かつては同質的なビジネスでも、十分に預金金利と融資金利の差である利ざやで収益を上げることができていた。

しかしながら昨今ではその利ざやが縮小し、収益力が低下してきている。基本的な商品である預金や融資、ローンでは、銀行間での差異化をすることは難しい状況にある。

そのような中で、新たな収益力の源泉と

なる可能性があるのが次の二つである。第一には、利ざやが確保できる新興国を中心とした海外への進出である。第二には、金融ＤＸによる新たなビジネスモデルの構築に挑むことである。

本章では、メガバンクであるみずほフィナンシャルグループ（みずほＦＧ）、三井住友フィナンシャルグループ（ＳＭＦＧ）、三菱ＵＦＪフィナンシャルグループ（ＭＵＦＧ）の金融ＤＸに関わる取り組みと、その前に立ちはだかる問題を明らかにする。

１・２　みずほ銀行――相次ぐシステム障害

ＡＴＭの不稼働

２０２１年２月28日、みずほ銀行の全国の店舗のＡＴＭ５９００台のうち、７割強に相当する４３１８台のＡＴＭが不稼働となった。それ以上に問題だったのは、取り引きを受け付けているにもかかわらず、突然、取り引きが中断し、通帳やキャッシュカードがＡＴＭの中に取り込まれたままになる事態が発生したことである。

このような場合、備え付けの電話でＡＴＭセンターに連絡を取って対処することになっていた。しかし、当時ＡＴＭセンターのオペレータは8人程度しかいなかった。多くの店舗で同様の事態が一斉に発生したため、ほとんどの電話がＡＴＭセンターにつながらない状況となった。しかも2月28日は日曜日で、店舗自体も開いていなかった。顧客は止まってしまったＡＴＭが動き出し、カードや通帳が吐き出され、他の人の手に渡ってしまうのではないかと心配し、そこから離れることができなくなってしまった。

みずほ銀行にとっては、２００２年の合併直後のシステム障害、２０１１年の東日本大震災後の義援金振込によるシステム障害に次ぐ、3回目の大トラブルとなった。実は、２０１１年のシステム障害を機に新たに構築した新システムＭＩＮＯＲＩがみずほ銀行で2年前にリリースされて以来、約2年間、大きなトラブルはなかった。したがって、この新システムは安定的に稼働していると思われていたのだが、ＭＩＮＯＲＩに関してはこれが初めての大きなトラブルとなった。

このシステム障害の構図を示すのが図１－１（次ページ）である。この障害で顧客への影響が最も大きかったのは、ＡＴＭでの通帳・キャッシュカードの取り込み５２４４件だが、その発生には四段階の経緯があった。

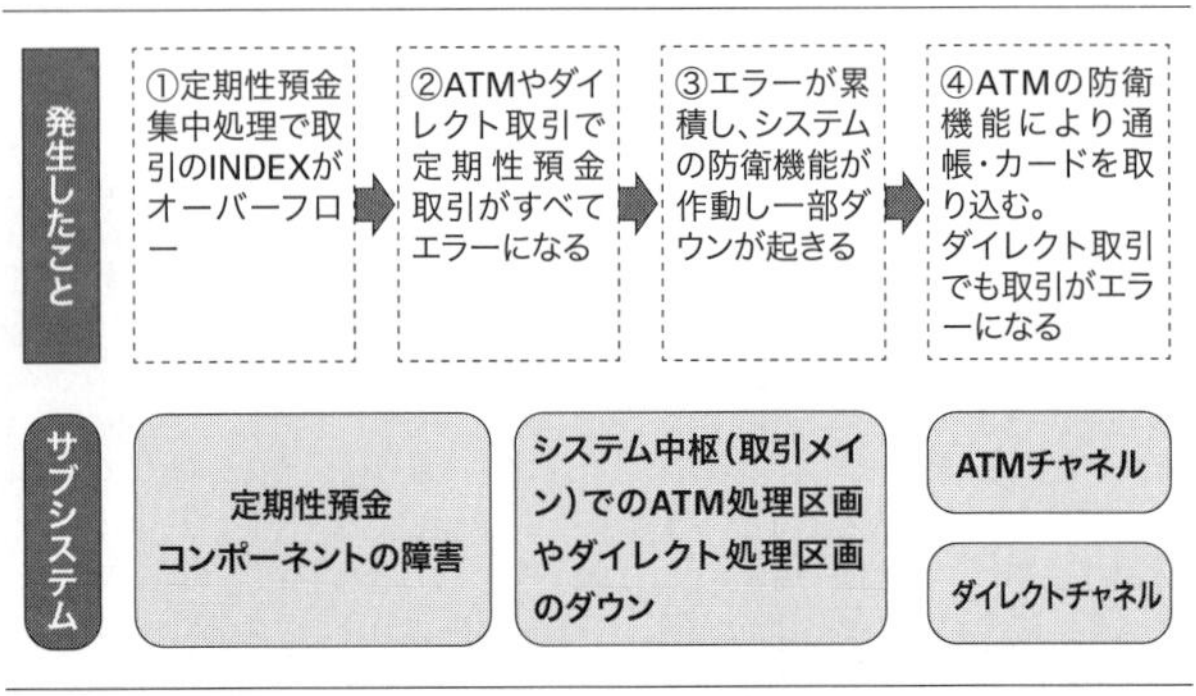

システム障害特別調査委員会「調査報告書」を元に筆者作成

図1-1　2021年2月28日のシステム障害の構図

第一に、当日臨時に行われていた定期性預金の集中処理で取り引きのＩＮＤＥＸファイル（取り消しや障害等に備え、取り引きを実施順にナンバリングするデータベース）がオーバーフローして、それ以降の定期性預金がすべてエラーとなる事態が起きた。この時点では定期性預金コンポーネント（システムの定期性預金部分）の障害だった。

第二に、当日は日曜日で、営業店窓口での定期性預金取引はできないが、銀行ＡＴＭやダイレクト（顧客がインターネットバンキングで直接アクセスする取引形態）からは定期性預金の取り引きを受け付けるべきところ、取り引きのＩＮＤＥＸファイルがオーバーフローした結果、銀行ＡＴＭやダイレクトからの定期性預金取引がすべてエラーになった。

第三に、そのようなエラーが累積し、取引メイン

（どの商品サービスを、どのような順番で処理していくかを制御するシステムの司令塔）と呼ばれるシステム（ＭＩＮＯＲＩ）の中枢部で防衛機能が作動し、ＡＴＭやダイレクト取引を司る処理区画でシステムのダウンが順次起きた。この段階で、銀行システムの中枢部の障害に発展した。なお、処理区画はＡＴＭが60区画、ダイレクトが39区画に分かれており、システムが区画を割り当てていた。

第四に、システムのダウンが発生した区画でＡＴＭの取り引きが発生した場合、ＡＴＭの防衛機能により、定期性預金取引に限らず、通帳やキャッシュカードの取り込みが発生した。また同様にシステムのダウンが生じた区画にダイレクト取引が発生すると、ダイレクト取引でも取り引きがエラーとなった。この段階で、自行ＡＴＭチャネルやダイレクトチャネルの障害にまで発展した。取引メインで、全面的なダウンを避けるためにダウンを局所化させる設計だったが、顧客が区画を選択できるわけではないため、ＡＴＭ側では、むしろ混乱を招く結果となった。

連続して発生したシステム障害

その後もみずほ銀行では、同年3月3日に機器故障によるＡＴＭの障害、3月7日にプログラムエラーによる障害、３月11日から12日に機器故障による外為送金の遅延と顧客影響ある障害が連続して発生した。３月17日にはシステム障害特別調査委員会が立ち上げられ、６月15日にはその報告書の公表と合わせて再発防止策が公表された。

一旦、障害に区切りがついたと思われたところ、８月19日から20日には機器故障によって全国の店頭業務ができないという障害が発生した。さらに８月23日にネットワーク不安定によるＡＴＭの障害、９月８日に機器故障によるＡＴＭの障害が発生した。

９月22日、監督官庁である金融庁からは、みずほ銀行とみずほフィナンシャルグループに対して当面のシステム更改、および更新等の計画の提出を求める業務改善命令が発出された。

９月30日には、システムの処理速度低下による外為送金の遅延の障害が発生した。11月26日には、金融庁から業務改善命令がみずほ銀行とみずほフィナンシャルグループに発出された。また、財務省から同日に９月30日の障害時の外為送金の取り扱いが、外為法上不適切であるとして是正措置命令が発出された。その後も12月30日、２０２２年１月11日、２月11日にもトラブルが発生した（表１－２）。

このみずほ銀行の連続障害の原因を掘り下げていくと、次の五点に集約できるのではないかと考えられる。

発生日時	利用者影響	原因	対応結果
【2002年】4月1日（月）～5月初	口座振替処理遅延250万件、二重引落し3万件、ATM障害等の混乱	プログラム不良、移行データ不備	5月初めに収束
2004年12月	みずほ銀行システム統合		
【2011年】3月14日（月）～24日（木）	為替取引処理遅延201万件、ATM利用停止等の混乱	DB容量オーバー	3月24日に遅延解消
【2016年】2月29日（月）10時30分	アジア拠点の外為送金19部店101顧客の565件の取引が打鍵できず	設定値の誤り	同日22時半に復旧
【2018年】6月18日（月）9時20分	ATM取引エラー1,234台、通帳・カード取込み1,821件	ネットワーク製品のバグ	同日11時47分に復旧、通帳・カード返却は翌日完了
2019年7月	新勘定系システム（MINORI）への移行完了		
【2019年】12月15日（日）15時8分	ATM取引エラー、通帳・カード取込み187件	機器故障	オートフォンにて対応（呼損率最大93.1%）
【2021年】2月28日（日）9時51分	ATM停止、通帳・カード取込み5,244件、定期預金等取引不能	DB容量オーバー	同日23時に収束、通帳・カード返却は4月に完了
3月3日（水）19時58分	ATM通帳・カード取込み29件	機器故障	3分間で収束。通帳・カード返却は3月8日に完了
3月7日（日）6時8分	ATM及びダイレクトでの定期預金入金取引不成立	プログラム不良	13時42分に復旧
3月11日（木）23時39分	外為仕向送金の遅延263件、外為被仕向送金遅延761件等	機器故障	翌週にかけ顧客対応、3月末には被仕向入金完了
6月15日（火）	再発防止策公表		
8月19日（木）19時40分	店頭で一部業務が処理できず	機器故障	8月20日11時58分に全面復旧
8月23日（月）正午	ATM184台が一時使えず	ネットワーク不安定	13時半に復旧
9月8日（水）9時20分	ATM約100台が一時使えず	機器故障	10時半に復旧
9月22日（水）	金融庁からの業務改善命令		
9月30日（水）14時すぎ	外為仕向送金の遅延370件	システムの処理速度低下	相手先銀行と調整、翌日は復旧
11月26日（金）	金融庁からの業務改善命令、財務省からの是正措置命令		
12月30日（木）15時30分	他行宛振込エラー発生	設定変更漏れ	16時25分頃復旧
【2022年】1月11日（火）8時	法人WEB取引が繋がりにくい	DBサーバで不定期作業と競合	11時33分復旧
2月11日（金）9時	一部ATMが不安定	機器故障	16時30分頃復旧

筆者作成

表1-2　みずほ銀行のシステム障害

第一に、ＭＩＮＯＲＩのアーキテクチャの複雑性、第二に、保守運用フェーズでのリソース削減が急であったこと、第三に、経営とＩＴ現場とのコミュニケーションが不十分だったこと、第四に、システム関連の銀行組織、開発会社、運用会社が連携しにくい体制であること、第五に、機器の所有を各ベンダーとしたことが挙げられる。順に見ていこう。

ＭＩＮＯＲＩのアーキテクチャの複雑性

大規模システムでは、マルチベンダー（多数のＩＴベンダー企業が開発を分担すること）となることは不可避である。マルチベンダー自体は問題ではない。むしろ勘定系システムの本体部分が、四つの異なる基盤システムで構成されている点が問題である（図１－２）。

それぞれのＯＳ（Operating System、基本ソフトウェア）も異なり、データベース管理システムも異なっている。それぞれの専門家はいても、その相違点を十分に理解できる専門家はほぼいないのではないかと考えられる。基盤をまたぐ障害に対応するためには両方の専門家が参画する必要があるが、そうなると対応するスピードはどうしても遅くなってしまう。特に社内にスキルの高い専門家が常駐していればいいが、そうでない場合、対応スピードはさらに落ちてしまう。第二の原因によるリソース削減で、スキルの高い専門家は常駐していな

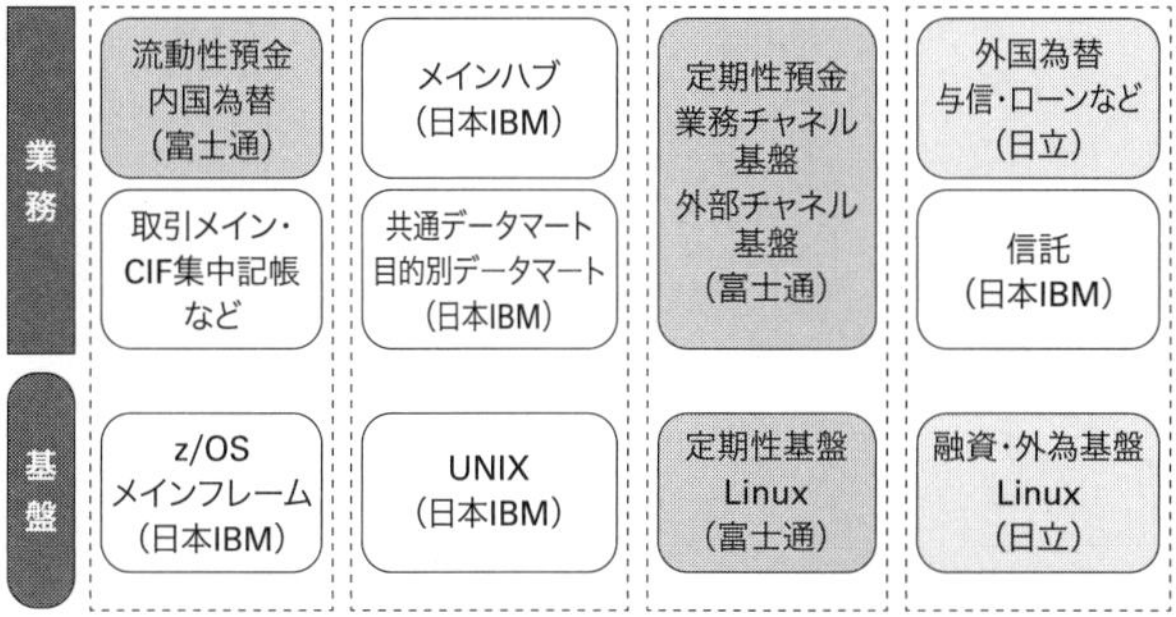

日経コンピュータ（2020）「みずほ銀行システム統合、苦闘の19年史」を元に筆者が作成

図1-2　MINORIのシステムアーキテクチャ

かったと推測される。

保守運用フェーズでの急なリソース削減

大型プロジェクトの場合、リリース直後に障害が発生する。みずほ銀行のシステムリリースは実質的に2019年2月だった。それから約2年たって、システム障害が発生したことに着目すべきである。有識者である各ベンダーの専門家をそれまでは引き留めていたが、リソース削減策の中で引き留めができなくなり、十分な引き継ぎもできず、障害の予兆管理能力や発生後の対応力が低下したと考えられる。

経営とIT現場のコミュニケーション不全

経営者とシステム開発の現場のリスク感覚に関する意思疎通ができていなかったことも、大きな原因と考えられる。システム部門の総責任者をＣＩＯ（Chief Information Officer）という。ＣＩＯは本来、経営トップの方針をシステム部門に伝えることと、システム部門の状況を経営トップに伝える双方向の役割がある。

しかしながら、２０１９年４月にみずほのＣＩＯに就任した人物は人事や企画畑が長く、システムには精通していない人物だった。そのため、経営トップの方針をシステム部門に伝える役割だけが機能して、システム部門の視点での適切な進言を経営トップにすることができなかったと考えられる。その結果、システム部門の感覚では、リスクが高まるレベルまで人員やベンダーの要員を削減してしまったのではないか。

２０２１年６月に公表されたシステム障害調査報告書でも、３ページ（１１４ページから１１６ページ）にわたって、アンケート調査やホットラインで受け取った意見がまとめてあり、そのことが裏付けられる。

連携しにくい体制、伝達方法

みずほ内部が、みずほ銀行と開発会社の二層構造になっている点や、開発会社（みずほリサーチ＆テクノロジーズ）と運用会社（ＭＩデジタルサービス）の資本関係が異なる点等、組

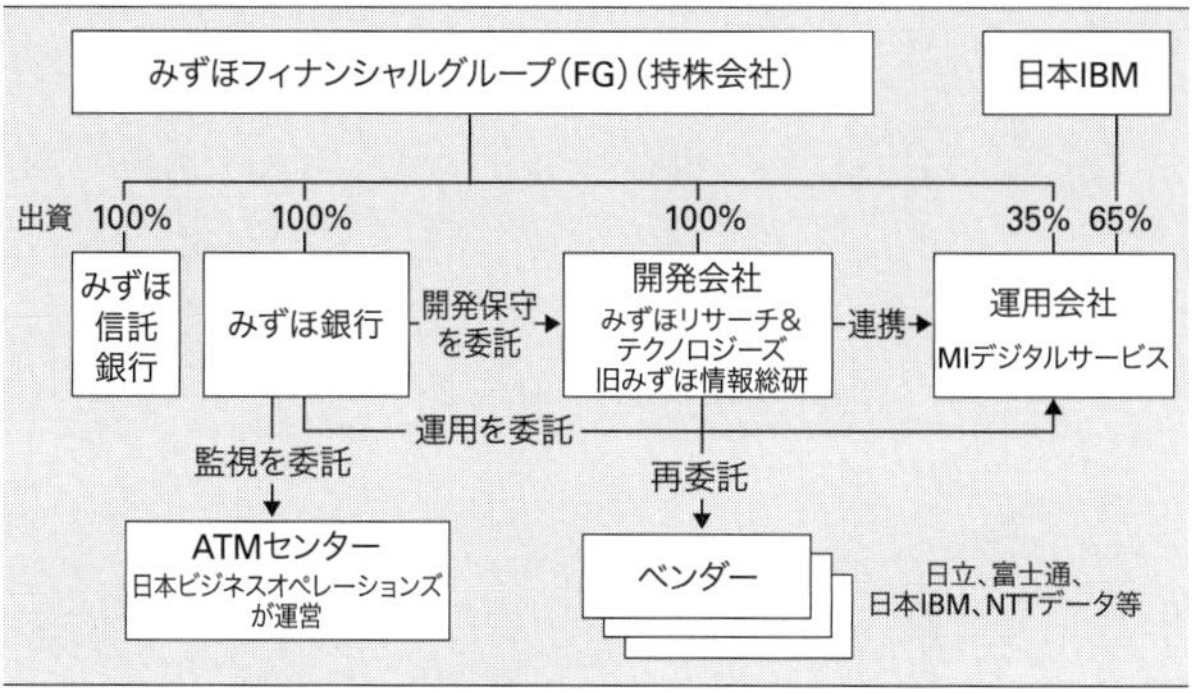

システム障害特別調査委員会「調査報告書」を元に筆者が作成

図1-3　みずほのシステム運用保守体制

織的に複雑で、スムーズな連携を阻害している（図１－３）。

またＩＴ関連会社の再編により、保守体制が弱まった可能性がある。一つは、２０２０年６月に日本ＩＢＭの資本を入れた運用会社ＭＩデジタルサービスを設立した再編である。もう一つは、２０２１年２月から３月にかけて４件の障害が起きたにもかかわらず、２０２１年４月にシステム開発を行ってきたみずほ情報総研が、リサーチ会社であるみずほ総合研究所と合併し、みずほリサーチ＆テクノロジーズを設立した再編である。

さらに、障害発生時の運用会社でのエラーメッセージの検知体制や、運用会社から開発会社への伝達方法が、印刷したうえで電話での口頭の連絡によるなど、アナログ的な手法であったことで、大量のエラーが発生した場合の対応が不十分になる素地があった。

機器の所有を各ベンダーとしたこと

ＭＩＮＯＲＩの開発規模は35万人月（一人の開発者が一か月で開発できる規模を「一人月《いちにんげつ》」と言うが、その35万倍）、４０００億円台の投資とされている。一人月１００万円と仮定すると、それだけで３５００億円となることから、投資には機器のコストがほとんど入っていないことになる。初期投資抑制の意味もあり、ベンダーの機器を借りている形態で従量制で使用料を払っていると思われる。また、様々なハード機器関連のテスト、障害訓練を自由に行うためには追加の費用が発生するため、開発現場ではそのようなテストや訓練を最小限に絞っていたとも考えられる。さらにベンダー所有であることからリカバリー手順書の管理もベンダーが行うため、機器の故障に際してはみずほ内部の人間は対応できず、ベンダーにお願いする以外方策がなかったと推測される。しかし先述したように、ベンダー要員を削減していたため常駐するベンダー要員のスキルレベルはあまり高くなく、リカバリーに手間取ったと推測される。

システム障害で遅れる金融ＤＸ

みずほフィナンシャルグループは、新システムＭＩＮＯＲＩの安定稼働を前提に今後のＤＸの推進を進める予定だった。また外部の企業との連携により、様々な新事業やサービスを展開ないし計画していた。それは、第一に銀行系キャッシュレスサービス、第二にスマートフォン専用銀行、第三にデータ活用事業である。

第一の銀行系キャッシュレスサービスについては、２０１９年３月、みずほ銀行はJ-Coin Payのアプリをリリースした。２０２２年1月現在、地方銀行や信用組合等、１６１金融機関での利用が可能となる一大勢力を築いている（第7章で詳細を記述）。しかし、他のメガバンクやインターネット専業銀行、大手地方銀行は参画していない。さらなる参画銀行の拡大には、システム障害の影響が否定できない。

第二のスマートフォン専用銀行については、２０１９年５月には、ＬＩＮＥと共同でLINE Bank設立準備を設立した。当初は、みずほ銀行が50%、ＬＩＮＥの子会社であるLINE Financialが50%の出資比率で、みずほは銀行のノウハウを提供することが主な役割だった。

一方のＬＩＮＥは２０１９年6月にLINE Financial 51%、野村ホールディングス株式会社49％の出資比率で、スマートフォン専用証券であるＬＩＮＥ証券を開業している。LINE Bankはこれに続く形で、当初は２０２０年度に新しい銀行の設立を目指していた。しかしながら、みずほ銀行のシステム障害発生直前の２０２１年2月22日、２０２２年度の開業への延期を発表した。延期の理由はシステム開発の遅れといわれている。銀行は免許業種であり、新銀行の審査は金融庁で行うため、システム障害の影響でより厳格な審査が行われることも想定される。したがって、新銀行の設立はさらに遅れる可能性も否定できない。

第三のデータ活用事業については、２０２０年11月、みずほ銀行は「Mizuho Insight Portal（略称 Mi-Pot）」という事業を開始している。これは、２０２０年5月の銀行法改正で、銀行でもデータ活用ビジネスが可能となったことを受けた事業である。みずほ銀行が蓄積してきた各種データを個人が特定できない形の統計データに加工して、年代や性別で年収水準の特徴を分析し、企業のマーケティングや公共団体の政策立案を支援するサービスである。直接の影響は不明だが、サービス拡大の優先順位が下がる可能性がある。

１・３　三菱ＵＦＪフィナンシャルグループ（ＭＵＦＧ）のＤＸ戦略

３年後に目指す姿

日本最大のメガバンクである三菱ＵＦＪフィナンシャルグループ（以降ＭＵＦＧ）は、２０２１年４月からの３年間の中期経営計画では、新しく存在意義（パーパス）として、「世界が進むチカラになる」を設定した。経営方針は、デジタルトランスフォーメーション／強靭性／エンゲージメントとし、３年後の目指す姿は、金融とデジタルの力で未来を切り拓く№１ビジネスパートナーとした。そして主要戦略の３本柱の第一に企業変革、とりわけデジタルトランスフォーメーションを掲げた。

デジタルトランスフォーメーションの所管部署としては、デジタル企画部から事業本部に格上げされたデジタルサービス事業本部が中心である。デジタルサービス事業本部は、目指す姿として金融デジタルプラットフォーマーを掲げる。その主要戦略は、業務のデジタルシフト推進とデジタルチャネルのビジネスモデル変革である。業務のデジタルシフト推進については、店頭での取引をインターネットバンキングへシフトすることで、営業店チャネルの縮小を図る計画である。これは経費削減的な意味合いもある。ここからは、もう一点のデジタルチャネルのビジネスモデル変革の代表例を紹介する。第一に、新金融サービス提供プラットフォーム、第二に、幅広い顧客基盤や技術を持つ企業との提携である。それぞれ説明していこう。

「Money Canvas」――新金融サービス提供プラットフォーム

三菱ＵＦＪ銀行の新金融サービス提供プラットフォームとして、資産形成総合サポートサービス「Money Canvas」の提供がある。株式、投資信託、クラウドファンディング、保険、ポイント運用、ロボアドバイザー等を一元的に取り扱うプラットフォームである（表1－3、図1－4）。その特徴は、システムにフィンテック企業であるFinatextの「デジタル金融の統合基盤」を活用している点にある。その結果、利用者のアクセスをブラウザベースとすることができ、インターネットバンキング非利用者も利用可能とした。

実は、三菱ＵＦＪ銀行ではインターネットバンキングは、個人の口座保有者の約4分の1程度しか利用していない。したがって、インターネットバンキング非利用者も利用できるというのは利用者の裾野を広げるためには大きな意味がある。提供企業として、三菱ＵＦＪ関

リリース時期	金融商品/関連サービス	提供企業（略称）
2021年10月	ポイント運用/株式交換	STOCKPOINT、CONNECT（大和証券グループ）、三菱UFJニコス(1)
2021年12月（Money Canvasの正式リリース）	株式(2)、投資信託	auカブコム証券、三菱UFJ銀行
	合同金銭信託	三菱UFJ信託銀行
	クラウドファンディング	ファンズ
	投資一任型サービス/ロボアドバイザー	三菱UFJモルガン・スタンレー証券、ウェルスナビ
2022年４月	保険	東京海上日動、損害保険ジャパン

＊ (1)三菱UFJニコスは2021年12月を予定、(2)株式は2022年１月以降を予定

出典：2021年９月２日三菱UFJ銀行プレスリリースによる

表1-3　Money Canvasの商品サービスと提供企業

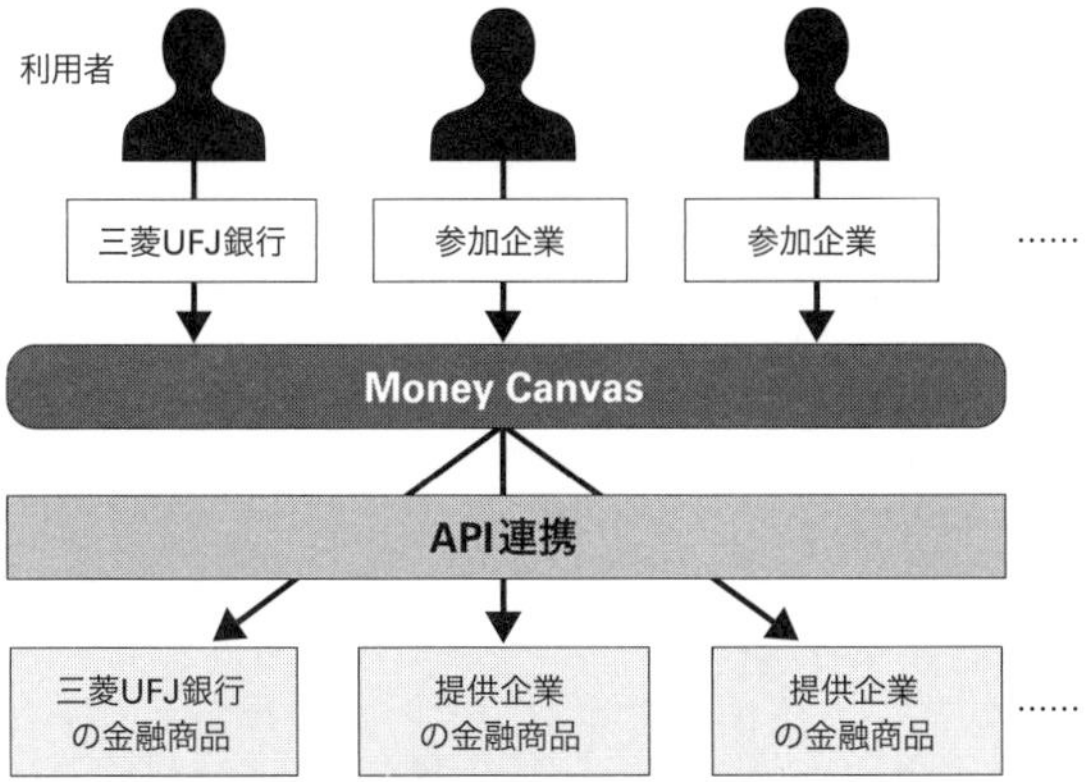

日経FinTech Monthly Newsletter 2021年９月号を元に筆者が作成

図1-4　Money Canvasの全体構想

連企業のみならず、フィンテック企業であるファンズやウェルスナビが参加している点も特徴といえる。

幅広い顧客基盤や技術を持つ企業との提携

幅広い顧客基盤を持つ企業との提携については、2021年5月のNTTドコモとの業務提携が挙げられる。これは業種を超えたトップ企業間のもので、大変注目される提携といえる。ドコモが有する会員基盤や多様なデジタル販売チャネルと、三菱UFJ銀行が提供する金融サービスを組み合わせる提携である（図1－5）。

2022年には、双方の顧客に取引に応じてdポイントが付与されるデジタル口座サービスを提供する計画が予定されている。その際、NTTドコモが顧客向けのサービス提供事業者となり、三菱UFJ銀行は、BaaS（Banking as a Service）と呼ばれる形で、金融サービスを供給する形が想定される。

BaaSとは、JALの顧客に対して住信SBIネット銀行が金融サービスを供給する形と同様で、銀行の機能を他社ブランドに提供することを指す。製造業におけるOEM（他社ブランドの製品を製造すること）と同じような概念である。したがって、三菱UFJ銀行自体

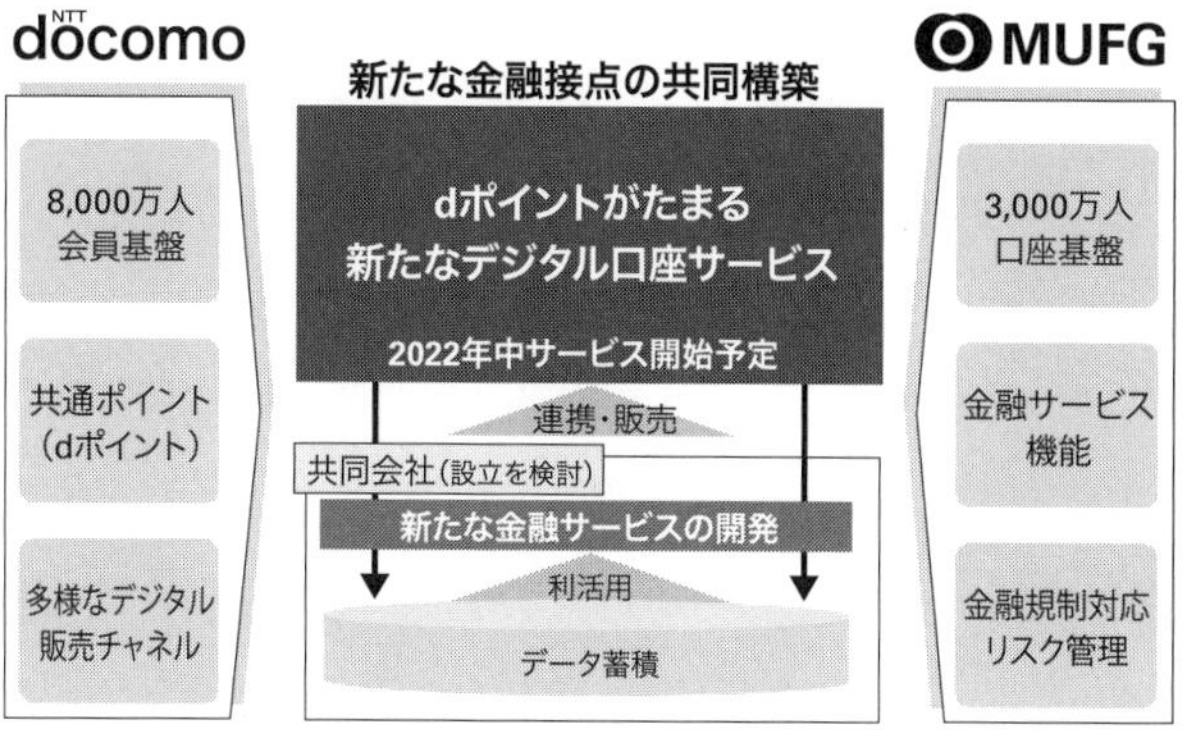

2021年5月11日両社のプレスリリースを元に作成

図1-5　NTTドコモと三菱UFJ銀行との提携の全体像

のブランドは黒子《くろこ》となる。ＮＴＴドコモには、三菱ＵＦＪ銀行自身の３４００万口座顧客を大幅に上回る８０００万人の会員基盤があり、それを狙った提携である。

さらにデータを活用した新事業や新サービスの企画・開発などを目的とした、合弁会社の設立も検討している。

オンラインファクタリング事業への進出

技術を持つ企業との提携に関して注目される取り組みが、オンラインファクタリング事業への進出である。２０２１年8月にマネーフォワード51%、三菱ＵＦＪ銀行49%の出資により合弁会社Biz Forwardを設立した。これは、マネーフォワードの１００%子会社

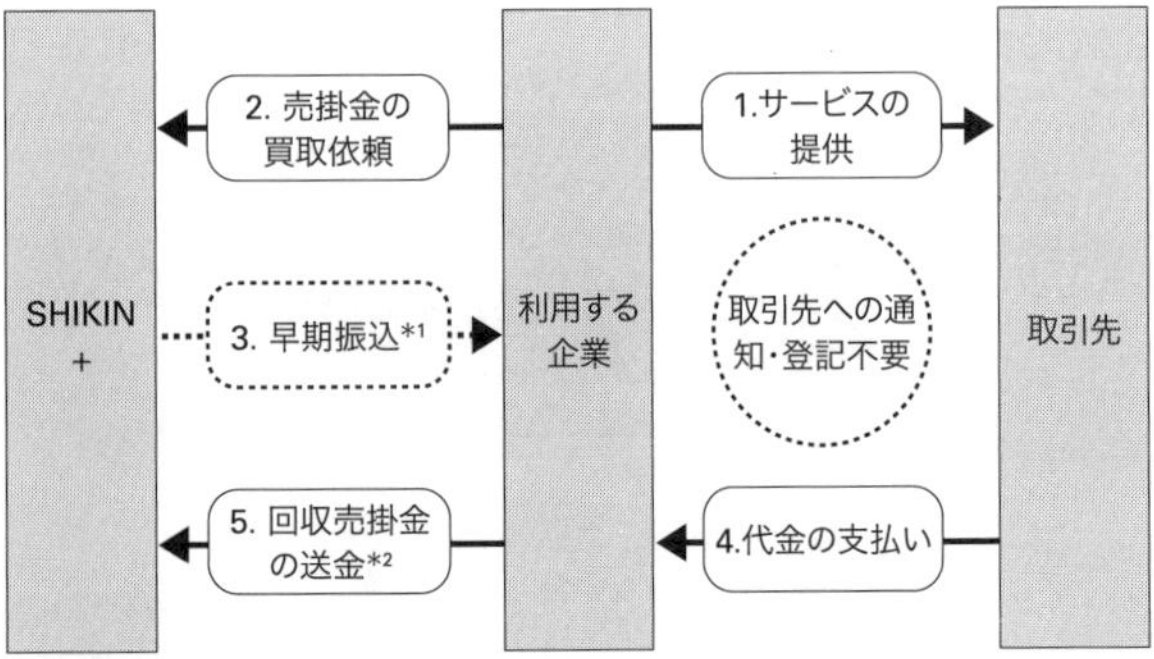

＊1 買取債権金額から手数料（1～10%程度）を差し引いた金額
＊2 取引先からの回収日の5営業日後を目安

Biz Forward社のHPを元に筆者が作成

図1-6　オンラインファクタリングSHIKIN＋（資金プラス）の仕組み

であるマネーフォワードケッサイのオンラインファクタリングおよび請求代行事業を、三菱UFJ銀行の法人取引先に提供するものである（図1－6）。メガバンクでは、従来融資の対象となっていなかった中小企業の小口の資金調達を支援するサービスである。コロナ禍で緊急の融資支援は受けたものの、売り上げ拡大に向けた運転資金需要に対して借入余力がない先を支援する狙いがある。いわゆる2020年度のゼロゼロ融資（新型コロナ禍で売り上げが減った企業に実質無利子・無担保で融資したもの）の支援を受けて借入枠を使い切った企業で、コロナに対応した事業転換が軌道に乗って受注でき、増加運転資金の調達が必要となったケースに有効であると考えられる。

企業が受注を受けると、その部品の調達や外注人件費の支払いを行うタイミングは、発注先から製品の代金を受け取るタイミングより早いのが一般的である。すると、売上業績は良くなっても代金受領待ちとなるため、資金繰りが悪化する。

この資金繰りの悪化に対応するには銀行から運転資金融資を受けることが一般的だが、小規模事業者の場合、二つの理由でそれができない場合が多い。第一に、借入希望金額が少額であるため、銀行の採算ベースに合わない可能性である。第二に、コロナ禍時に借りた融資等で銀行からの借入限度額を借り切ってしまっているケースが多いためである。

そこで、そのような場合に借入の形態でない売掛金の売却という手段が有効になる。この売掛金の売却をオンライン型で行うのが、オンラインファクタリングである。銀行には、オンラインファクタリングでの与信判断のノウハウがないが、専業のフィンテック企業であるマネーフォワードには与信判断のノウハウがあるため、この協業は双方にメリットがある。

1・4　三井住友フィナンシャルグループ（ＳＭＦＧ）の取り組み

ＤＸへの三つの切り口

三井住友フィナンシャルグループ（以降ＳＭＦＧ）でのＤＸの取り組みは、２０２０年４月にＩＴイノベーション推進部から改組されたデジタルソリューション本部が中核となっている。

デジタルソリューション本部には、デジタル戦略部と法人デジタルソリューション部がある。デジタル戦略部は、ＳＭＦＧ内のデジタル化を担う。法人デジタルソリューション部は、大企業等との協業によるビジネス創出を行う。さらに個人顧客向けサービスのデジタル化には、リテールＩＴ戦略部が取り組んでいる。

ＳＭＦＧは、ＤＸに三つの切り口で取り組んでいる。それは第一に情報産業化、第二にプラットフォーマー化、第三にソリューションプロバイダー化である。いずれも従来の金融機関を超えるビジネスにデジタルで取り組んでいくものである。さらに、ＤＸを支える勘定系システムの更改にも取り組んでいる。また積極的に新サービスを行う子会社を設立し、若手社員を責任者とする、いわゆる「社長製造業」として、社内起業を推奨している点にも特色がある。以下では、それらを体現するサービスを説明していく。

情報産業化

情報産業化の代表例は、キャッシュレス事業での次世代決済プラットフォーム「stera」である。このプラットフォームは三井住友カードとＧＭＯグループが提携して提供するもので、加盟店、決済センター、ネットワーク、決済事業者のすべてを包含するものである（図1－7、55ページ）。様々な決済手段が乱立する中で、店舗でのオールインワン端末やＥＣサイトのマルチ決済システムを提供し、そこから決済センターに決済データを決済手段ごとに送り、ネットワーク事業者を経由して、決済事業者に送る仕組みをオールインワンで提供する。店舗でのオールインワン端末とは、接触決済、タッチ決済、ＱＲコード決済、磁気カードすべてを1台で対応可能となるものである（図1－8、55ページ）。

さらに、steraで取り扱ったキャッシュレスデータの分析サービスである「Custella（カステラ）」で分析することで、加盟店のマーケティングを支援するサービスとして付加価値を高めている。

プラットフォーマー化

プラットフォーマー化の代表例としては、２０１９年５月から提供しているビジネスマッチングサービス「Biz-Create」がある。「Biz-Create」は、インターネット上で企業間マッチングを原則無料で行うサービスである。これは三井住友銀行の信用と企業取引にＮＥＣのクラウド技術を掛け合わせて実現したもので、三井住友銀行に閉じたプラットフォームではなく他の銀行にも開かれていて、２０２０年11月には三重県の地方銀行である三重銀行と第三銀行（両行は２０２１年５月に合併して三十三銀行）が参画している。その他、浜松市、北九州市、神戸市の地方公共団体等とも提携している。チャットでの交渉ができる点に特色がある。

　プラットフォーマー化のもう一つの事例として、２０２０年５月にＳＭＦＧ１００％出資で設立された中堅・中小企業のデジタル化を支援する子会社プラリタウンがあ

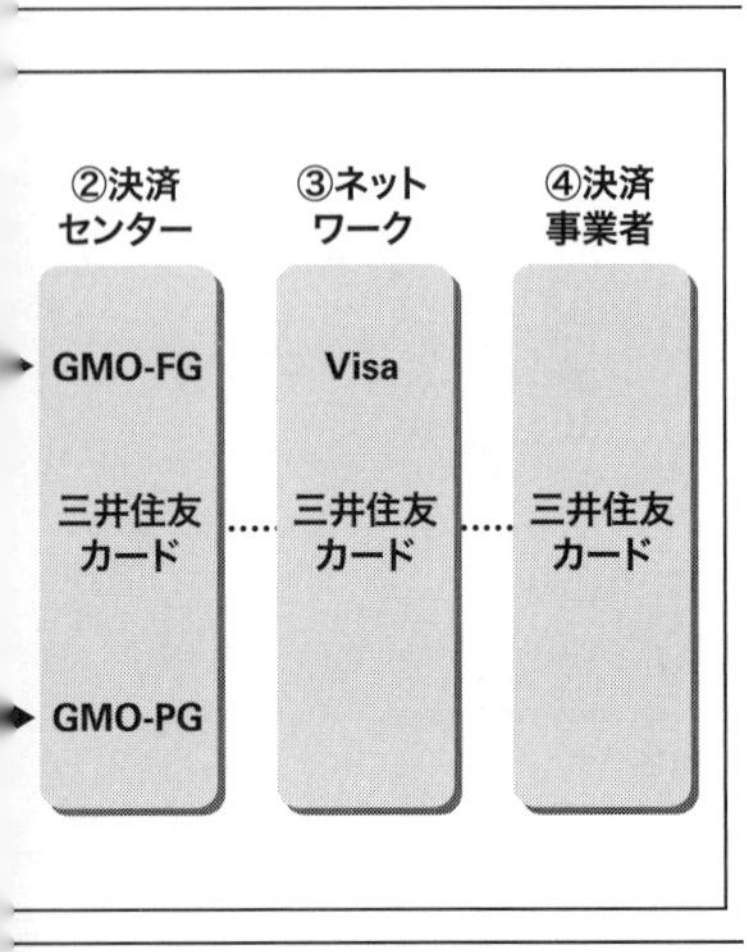

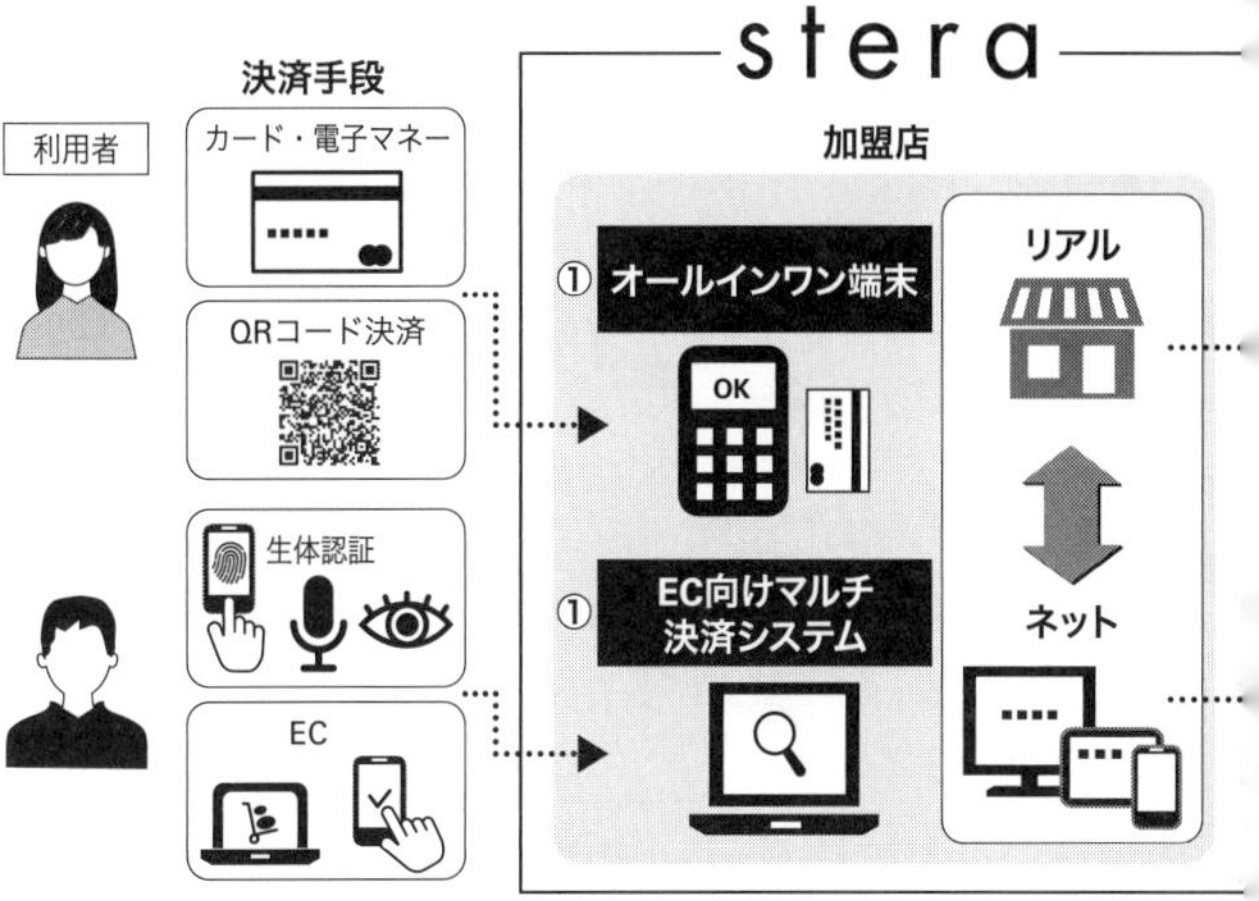

2019年11月1日SMFG投資家向け説明会資料により作成

図１-７　steraの概要

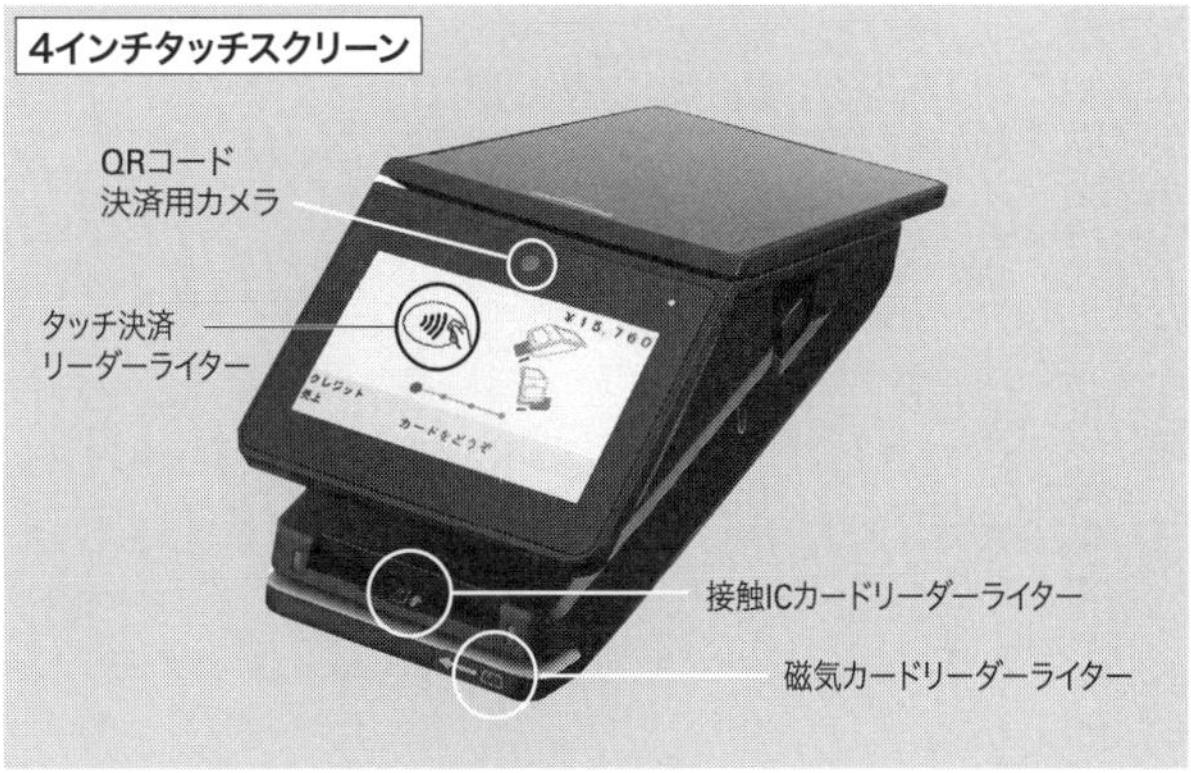

2019年11月1日SMFG投資家向け説明会資料により作成

図１-８　steraのオールインワン端末

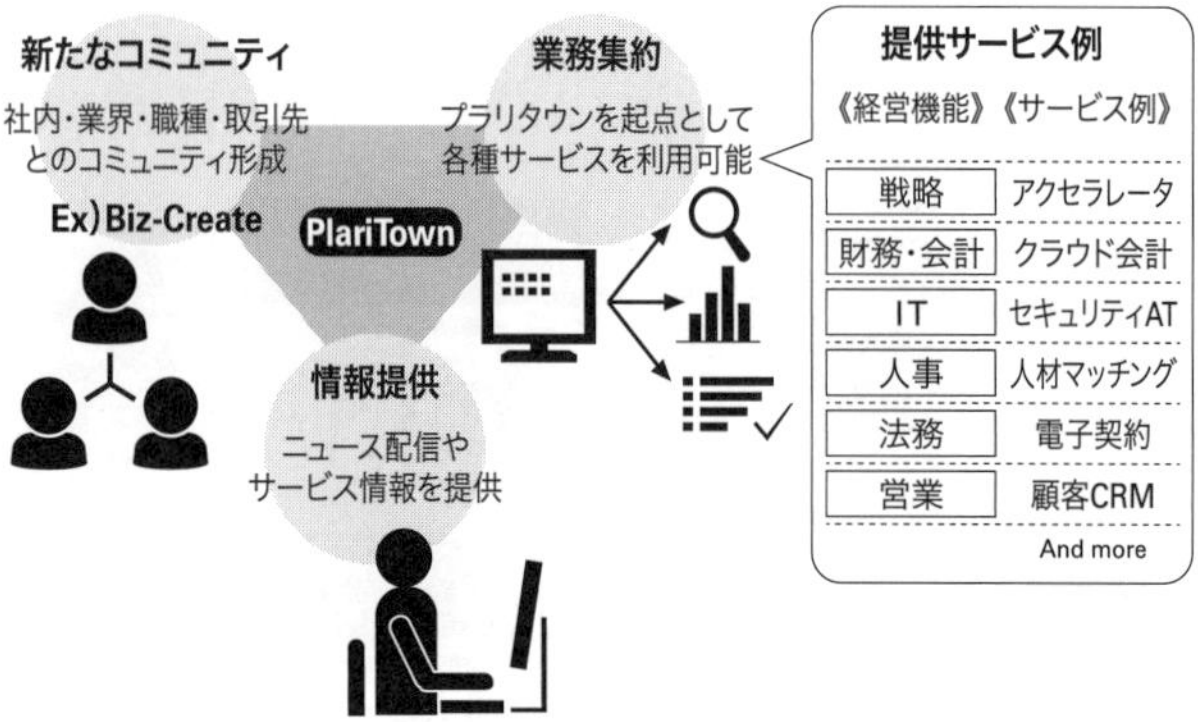

2021年３月３日SMFG IRスモールミーティング「法人デジタル戦略について」より作成

図1-9　プラリタウンの事業コンセプト

る。社長は２００８年に銀行に新卒入社した経歴の並木亮氏で、いわゆる「社長製造業」施策の代表例である。

　プラリタウンは、法人向けデジタルプラットフォーム「PlariTown」を立ち上げた。このサービスの提供範囲は、三井住友銀行グループだけでなく、協業するサービス提供企業のビジネスアプリやサービスとも連携している。したがって、金融にとどまらず、財務経理、営業、人事、法務、企画等の様々な分野のデジタル化をワンストップで提供するサービスである。

　プラットフォーム「PlariTown」上での情報提供や動画コンテンツ配信を行い、オンラインセミナーを実施する。さらに各種の三井

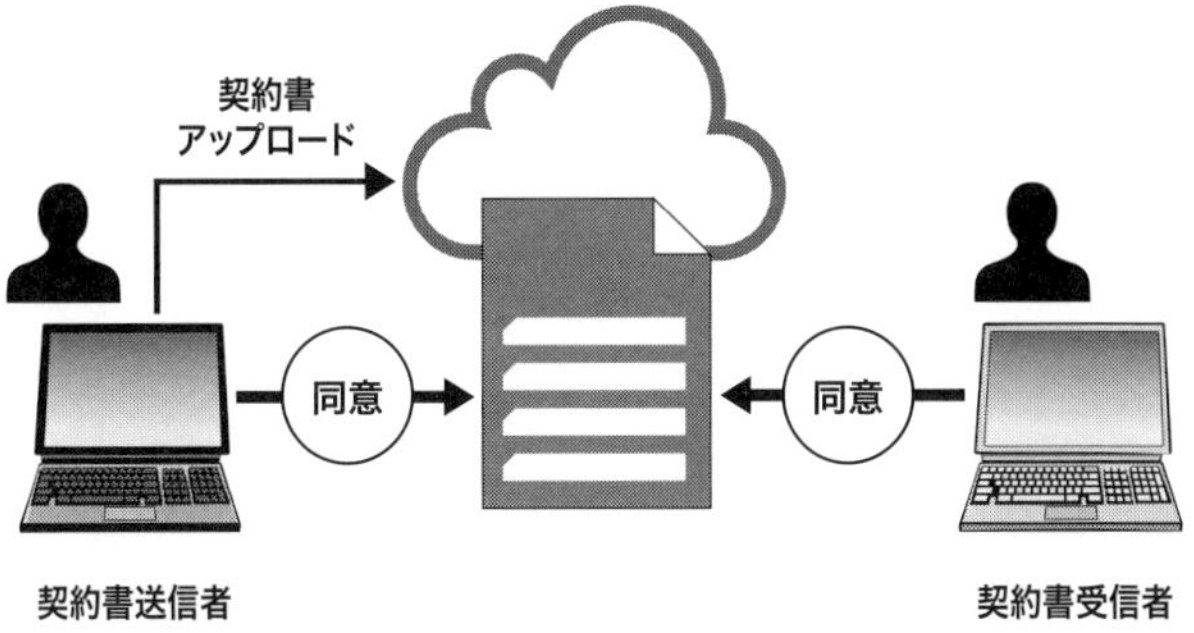

2019年9月25日設立時SMFGニュースリリースにより作成

図1-10　SMBCクラウドサインの仕組み

住友銀行グループのデジタルサービスや、パートナーのサービスを提供する（図１－９）。

ソリューションプロバイダー化

ソリューションプロバイダー化の代表例としては、２０１９年10月に弁護士ドットコムと共同で設立した「ＳＭＢＣクラウドサイン」がある。当時、37歳の三嶋英城氏が社長になったことでも話題になった。「社長製造業」施策の最初、かつ代表的な事例である。

ＳＭＢＣクラウドサインは電子契約サービス「クラウドサイン」をベースに三井住友銀行の企業取引の基盤を対象にして、クラウド型の電子契約サービスを提供するものである。契約書送信者が契約書をクラウド上にアップロードし、契約書送信者と契約書受信者が同意すると締結が成立し、タイムスタンプが記録され、契約書がクラウド上に保管される仕組みである（図１－10、前ページ）。２０２０年の新型コロナウイルス感染症を機に進む「脱ハンコ」の流れを捉え、創業1年で単月での黒字化を実現した。三井住友銀行内での活用も進み、西日本シティ銀行、愛媛銀行、三十三銀行等の地方銀行での導入もされている。

勘定系システム更改

三井住友銀行は、２０２０年11月に次世代勘定系システムの構築に着手することを公表した（図１－11）。現在の勘定系システムは、１９９４年にリリースした住友銀行のシステムで、約27年経過している。２０２０年11月に公表した次世代勘定系システムの最大の特徴は、オープンプラットフォームのシステムとＮＥＣの勘定系メインフレームのシステムを組み合わせて、安定性と環境変化への対応を両立させることである。オープンとメインフレームの「ベストミックス」なアーキテクチャ（システムの構造）を標榜する。

そのための鍵となる仕掛けとして、メインフレームの勘定元帳の全量をリアルタイムでオープン系プラットフォームに「元帳ミラー」（元帳と同じデータ）としてコピーする仕組みを

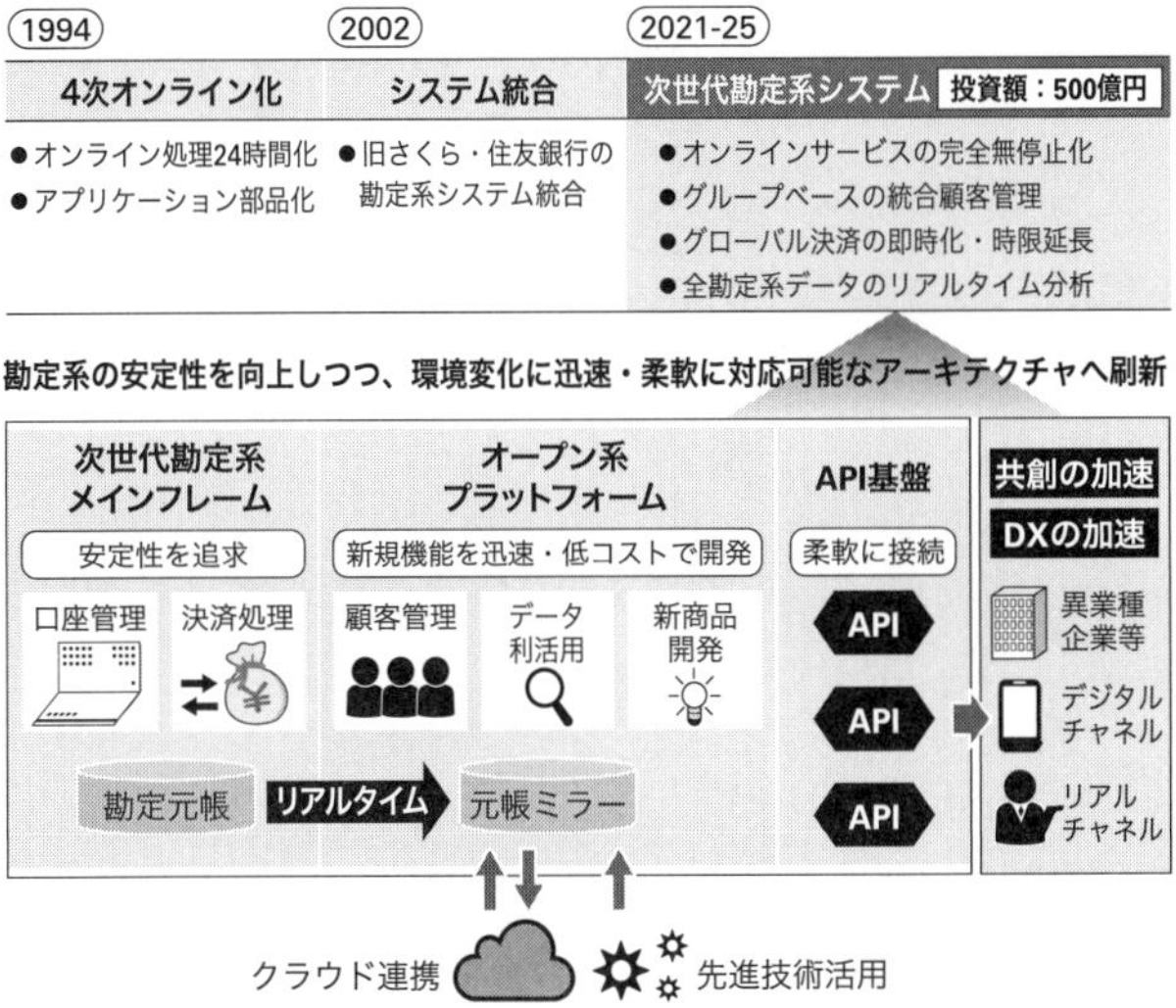

2020年11月18日SMFG2020年度上期決算投資家説明会資料により作成

図1-11　次世代勘定系システムの概要

取り入れる。これにより、メインフレームのシステムに手を加えずとも、新しいサービスなどを迅速かつ低コストで開発できるとしている。またメインフレームを含めて、内外のシステムとの接続性を向上させる勘定系ＡＰＩを整備するとしている。

　ＡＰＩは前述したようにApplication Programming Interfaceの略で、システムを他のシステムとつなぐ際の入り口である。電化製品のコンセントやパソコン等の電子機器の接続端子口のようなものであり、端子の形

（接続で必要なデータ）さえ満たせば、不特定のシステムとも連携できることを保証する仕組みである。

次世代勘定系システムの目標

三井住友銀行は次世代勘定系システムの目標として、第一にサービス価値の向上、第二に経営基盤の強化、第三に新たなビジネスの創造、第四に持続可能な開発を掲げている。

第一のサービス価値の向上としては、オンラインサービスの完全無停止化、グローバル決済の即時化・時限延長といったインフラ機能のレベルアップを掲げている。

第二の経営基盤の強化に関しては、グループベースの統合顧客管理や全勘定系データのリアルタイム分析を可能とするとしている。これはＳＭＦＧ全体の経営基盤の強化にも資するものである。

第三の新たなビジネスの創造については、国や自治体、異業種企業との共創の加速とグループ連携による新たなＵＸを掲げている。ＵＸはユーザーエクスペリエンスすなわち、ユーザー体験のことであり、ユーザーである顧客の使い勝手の良い仕組みを提供するということである。

第四の持続可能な開発としては、先進技術の積極的な採用と、オープン・メインフレーム両利きの人材を計画的に育成するとしている。

開発期間については、2021年度から開始して、2024年度－2025年度に移行をする4年から5年がかりの計画で、総投資は500億円。十分に大規模な開発だが、銀行勘定系の刷新としての投資額としては必ずしも大きくはない。なぜなら、2019年にリリースしたみずほFGの勘定系システム更改の投資額4000億円台半ばや、2009年にリリースした旧三菱東京UFJ銀行のシステム統合の投資額3300億円と比較すると大きく下回るからである。

1・5　3メガバンクのDX取り組みの比較

3メガバンクのDXの取り組みの方向は異なっている。従来の銀行サービスが均質化した中での競争であったのに対し、新事業としてこれからビジネスモデルを構築するために取り組んでいるものである。そこで3社を比較するために、ここまでに言及していないものも含

	個人向け	大企業向け	中堅中小企業向け	金融系企業向け	自社内
みずほFG	LINE Bank J-Coin Pay	データ活用	データ活用	J-Coin Pay	MINORI安定化
MUFG	Money Canvas	BaaS	Biz Forward	Money Canvas	デジタルシフト
SMFG	三井住友銀行アプリ	クラウドサイン Biz-Create	プラリタウン Biz-Create	Biz-Create stera	次世代勘定系システム

筆者作成

表1-4　メガバンクのDX取り組み

めて、主要な取り組みを表にまとめた（表１－４）。

ＭＵＦＧは金融企業向け、他の強みのある企業と連携するＢａａＳ事業や個人向け、企業向けとバランス良く進めている。ＳＭＦＧは企業向けサービスで自社の若手社員を責任者にする取り組みが注目される。みずほＦＧは、個人向けのサービスを中心に展開している。

勘定系システムの取り組みの差

勘定系システムの取り組みでは大きな差が生じた。みずほは新システムを構築した点ではリードしていたと思われたが、２０２１年のシステム障害で見直しを余儀なくされた。みずほ以外の２メガバンクも、みずほのシステム障害により、システム障害への注目度が高まったことでシステムの運営には非常にナーバスになっている。

ＳＭＦＧは、１９９４年構築の現行システムから、次世代勘定系システムの構築を進めている。リリース後に障害が発生しないような慎重な対応を余儀なくされそうである。

ＭＵＦＧも１９８７年に構築した勘定系システムを活用し続けており、更改の動きこそないものの、システムの保守運営には従来以上に神経質になっていると考えられる。実は、ＭＵＦＧは２０１７年、システムに可能な限りクラウド技術を利用する方針を公表したが、勘定系システムに関しては慎重な姿勢が続いている。三菱ＵＦＪ銀行は２００７年から地方銀行にシステムを提供しており、８銀行（常陽、百十四、十六、南都、山口、北九州、もみじ、足利）が利用していることもあり、仮に次世代システムへの更改に際しては、これらの地方銀行にも更改を求める必要が生じることも背景にあると考えられる。

いずれにしても、抜本的なＤＸを実現するためには、勘定系システムとの連携が必要であり、その意味で、ＡＰＩを充実させることが必要になると考える。

オープンイノベーションの成否

３メガバンクともＤＸ（デジタルトランスフォーメーション）の施策に関しては、グループ外の企業との連携に活路を見出している。これは従来、自社内ないし自社グループ内で商品やサービスを開発することが中心であったカルチャーが大きく変化していることを示している。

みずほＦＧは、ソフトバンクやＬＩＮＥとの提携が多い。しかし、ソフトバンクと提携した消費者向けの与信ビジネスであるJ.Scoreも停滞し、ＬＩＮＥとの提携によるLINE Bank構想も遅延しているなど、新ビジネスの収益化には程遠い状況である。さらに先述したように、勘定系システムの安定化への対応が必須であり、ＤＸの進展にブレーキがかかってしまう現状である。

ＭＵＦＧは、元々ＫＤＤＩグループと合弁でインターネット専業銀行のじぶん銀行（現ａｕじぶん銀行）を２００８年に設立していたが、２０２１年にはＮＴＴドコモとの提携を発表しており、ＫＤＤＩグループとの距離感がどうなるか興味深い。

Money Canvasについても、商品サービスの品ぞろえに加え、本人確認等を統合するなどのスムーズな連携のＵＩ（ユーザーインターフェイス）を実現できるかがポイントではないかと考える。ただし、スムーズな連携ができるということはセキュリティ面での懸念も生じることから、その兼ね合いが難しいところである。

ＳＭＦＧは、ＳＢＩホールディングスとの連携を２０２０年４月に発表し、三井住友銀行が、ＳＢＩグループのスマートフォン専用証券であるＳＢＩネオモバイル証券株式の20％を取得した。しかしながら、その後の商品サービスの連携は、２０２１年末時点では目立っては進んでいないようである。むしろ社長製造業という形で、社内ベンチャー企業を創業する点で、外部人材を含めた活性化を図っているものと考えられる。ただ、まだグループ全体のビジネスを変革させるような大きなビジネスには成長していない状況である。

＊　＊　＊

以上のように、メガバンクといえども、ＤＸ投資は行っているが、新しいビジネスでの成功の道筋は描き切れていないのが現状である。海外での収益チャンスがあることや、顧客基盤が強固であることは間違いないので、その収益や基盤を利用して、新ビジネスを早い時期に成功させる銀行のみが勝ち残っていくと考えられる。

第2章

地方銀行の合従連衡の先は？

２・１　２０２１年５月——地方銀行勘定系システムのクラウド化

エポックメイキングな動き

２０２１年５月は、銀行のクラウド活用でエポックメイキングな動きが２件あった。一つ目は、５月３日、石川県の地方銀行北國銀行がマイクロソフトのパブリッククラウド上でオープン勘定系システムを稼働させたことである。フルバンキングシステム（勘定系システムを含む銀行システム全体）のパブリッククラウド環境（広く一般のユーザーや企業向けに提供されるクラウド環境で、特定企業向けの専用環境であるプライベートクラウドに対比するもの）での稼働は国内初である。

二つ目は、５月28日に九州の地方銀行であるふくおかフィナンシャルグループが設立したみんなの銀行が、グーグルクラウド基盤のシステムで新規開業したことである。日本初のデジタルバンクを標榜している、このみんなの銀行については第６章で詳述する。

２０２２年１月現在、地方銀行は全国で99行ある。１９８９年時点では１３２行あったのが、徐々に合併統合を経て減少してきている。同期間に都市銀行が13行から５行（３メガバンクとりそな、埼玉りそな）に大幅に減少したのと比較すると、減少度合いは緩やかである。これは、地方銀行は都市銀行に比べると基盤となる地域が明確であったため、生き残ってきたといえる。

しかし、現状は厳しい。２０１８年４月に金融庁から出されたレポート「地域金融の課題と競争のあり方」では、資金需要の減退や低金利での貸出競争により、地方銀行の収益力は低下していると指摘されている。また同レポートによれば、２０１６年度の決算では地域銀行（当時１０６行）の過半数の54行が本業赤字となっているとしている。新たなＩＴ投資を積極的に展開する余力は限定的だが、その中で北國銀行とみんなの銀行は、先進性で抜け出す取り組みといえる。

本章では、北國銀行の改革、地方銀行の経営統合の動き、ＳＢＩホールディングスによる第４のメガバンク構想、勘定系共同化連合の枠組み変化について述べていく。

2・2　北國銀行の改革

金融DXの先頭に立つ

北國銀行は、地方銀行では金融DXの先頭に立っている企業といえる。石川県という地理的には必ずしも恵まれているとはいえない地域において、生き残りのための改革を矢継ぎ早に行っている。第一にコンサルティング体制の構築、第二にペーパーレス化等の生産性向上、第三に情報システムの改革、第四に持株会社設置である。

第一のコンサルティング体制の構築のためには、長期視点で人材の転換を行った。1997年には155店舗あった支店を105店舗に統廃合し（2021年現在）、本部のコンサルティング要員を捻出した。本部のコンサルティングは外部に依頼するのではなく、社員が実施し、地域企業の経営改善を図るものである。リーズナブルな料金ながら、打ち合わせや資料作成時間に応じた時間単価での有償サービスとしてきた。これは、地域活性化と北國銀行自体のビジネスモデルの変革の両立を図るものであった。

第二のペーパーレス化などによる生産性向上では、グループウェアの採用や、2014年

種　類	クラウド事業者のサービス提供内容
IaaS（Infrastructure as a Service）	システム基盤（ハードウェア、ネットワーク）
PaaS（Platform as a Service）	システム基盤（ハードウェア、ネットワーク） ＋システムソフト（OS、ミドルウェア）
SaaS（Software as a Service）	システム基盤（ハードウェア、ネットワーク） ＋システムソフト（OS、ミドルウェア） ＋アプリケーション・ソフト

各種資料を元に筆者作成

表２-１　パブリッククラウドのサービス提供内容での３種類

の金沢駅前の新本店完成時に合わせたオフィス環境整備を行った。単に文書を削減するだけでなく、フラットなコミュニケーションができる会議や打ち合わせの改革を前提として行った。

　第三の情報システム改革については、日本ユニシス（現ＢＩＰＲＯＧＹ）のオープン系システムBankVisionを勘定系システムに採用し、２０１５年１月に稼働させた。オープン系とは、Windows・Linux・UNIXなどに代表されるＯＳ上で稼働するシステムである。多くの銀行の勘定系システムが、日本ＩＢＭや日立製作所、富士通、ＮＥＣといったメーカー独自仕様の高価なメインフレーム（汎用機）で運営されているのに対し、オープン系のサーバは安価であり、インフラのコストを大幅に抑えることができた。その延長線上で、２０２１年５月３日にパブリッククラウド環境で勘定系システムを稼働させた。一般的に、パブリッククラウドには、サービス提供内容で３種類があると言われている（表２－１）。

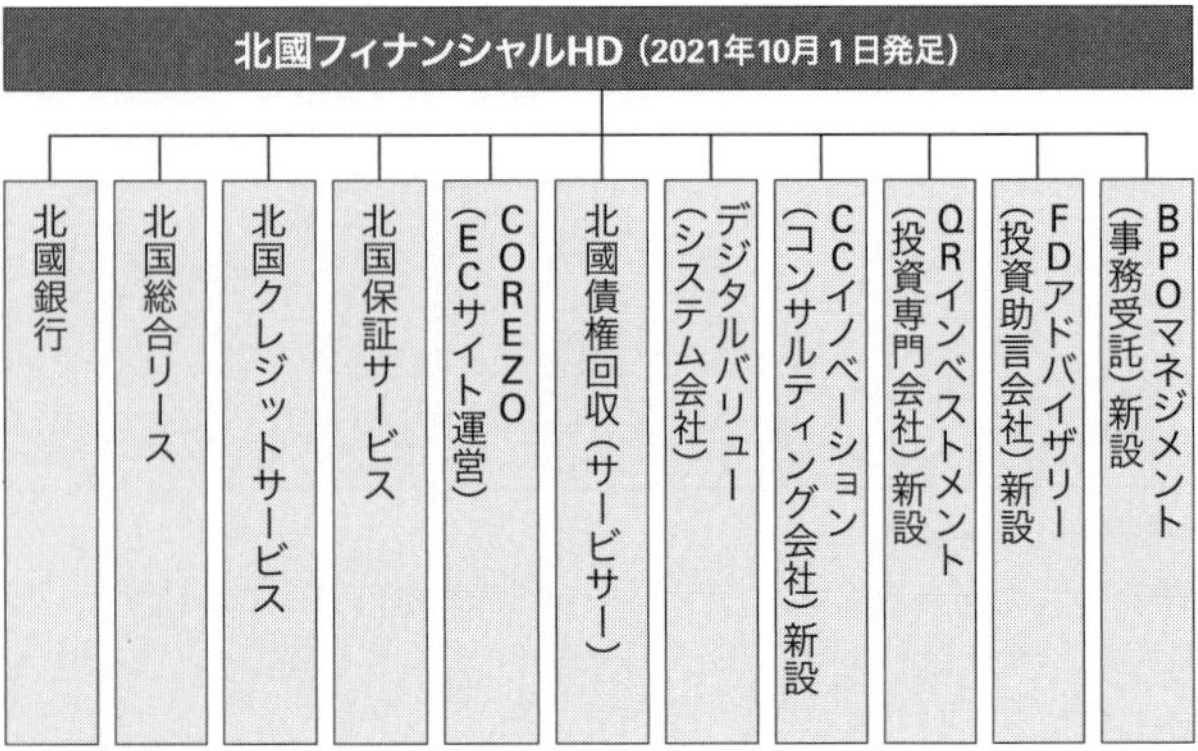

2021年11月北國フィナンシャルホールディングスミニディスクロージャー誌『営業の中間報告』を元に筆者作成

図２-１　北國フィナンシャルHD（持ち株会社）の体制

２０２１年５月の北國銀行のパブリッククラウド化は、ＩａａＳ（Infrastructure as a Service）と呼ばれるシステム基盤のみを範囲とするものだった。同社はさらに２０２４年目途で、ＰａａＳ（Platform as a Service）と呼ばれるシステムソフトのうち、オペレーションシステムやミドルウェアまでをクラウド環境が提供する形を目指している。

第四の持株会社体制への変更については２０２１年10月に行った（図２－１）。「地域商業銀行」から預金貸出等の銀行業務を一事業とする「地域総合商社」への転換である。金融ＤＸの担い手であるデジタルバリューは、２０１９年11月に北國銀行が90％出資し、システムパートナーのＦＩＸＥＲと日本ユニシス（現ＢＩＰＲＯＧＹ）の出資も得て設立したシステム開発会社である。持株会社体制移行に合わせて、２０２１年には北國銀行コンサルティング部を母体に、コンサルティング会社のＣＣイノベーションを設立した。他の地方銀行からの金融ＤＸ関連のコンサルティングニーズもある中で、他行にコンサルティングを受ける抵抗感を緩和するために、あえて「北國」を冠しない形とした。

２０２２年４月には、北國マネジメントのＥＣサイト運営事業をＣＯＲＥＺＯとし、新たに事務受託事業のＢＰＯマネジメントを分割して新設した。

２・３　地方銀行の経営統合とシステム共同化

悪化が進む地方銀行の経営環境

人口減少傾向に加えて、２０１６年２月に開始されたマイナス金利政策による利ざや縮小により、地方銀行の経営環境は悪化し、経営統合が進んでいる（表２－２、次ページ）。２０１４年に１０５行あった地方銀行は、２０２１年末時点では99行と減少しつつある（２０１

発表	実施	経営統合とシステム統合
2021年1月14日	2021年10月	福井銀行と福邦銀行、2021年10月福井銀行が福邦銀行の株式の51.98%を取得し子会社化、2行体制は維持する方針。
2021年5月14日	2022年4月	青森銀行とみちのく銀行、2022年4月に持株会社プロクレアHDを設立し、24年4月の合併を目指す。システムは青森銀行に片寄せ方針。
2021年7月1日	2022年10月	フィデアHD（荘内銀行と北都銀行の持株会社）と東北銀行、2022年10月に経営統合の予定。2022年2月に合意解除。
2021年12月10日	2022年10月	愛知銀行と中京銀行、2022年10月に共同持株会社を設立し、2024年目処に合併する計画。

筆者作成

表２-２　地方銀行の経営統合（2014年以降）

８年きらぼし銀行、２０１９年関西みらい銀行、２０２０年徳島大正銀行、十八親和銀行、２０２１年第四北越銀行、三十三銀行の合併による)。

さらに２０２１年５月19日には改正金融機能強化法が成立し、２０２６年３月まで申請可能な時限措置として、合併・統合の費用の一部を交付金で支援する制度ができたことで、経営統合の動きが加速した。経営統合では、合併する場合と持株会社の傘下に入る場合とがある。また、勘定系システムの統合の時期と、どちらの銀行のシステムに合わせるかが論点となる。実際には、まず持株会社の傘下に各銀行が入る形で経営統合を行い、その後システム統合のスケジュールに合わせて合併する形が多い。しかしながら、肥後銀行と鹿児島銀行のように、持株会社の統合止まりのケースもある。

そもそも地方銀行の特色として、１９９０年代後半の

発表	実施	経営統合とシステム統合
2014年11月４日	2016年４月	横浜銀行と東日本銀行、2016年４月コンコルディア・フィナンシャルグループ発足、2019年１月東日本銀行が横浜銀行と同じNTTデータの共同化システム「MEJAR」に統合。
2014年11月７日	2015年10月	肥後銀行と鹿児島銀行、2015年10月九州フィナンシャルグループ発足。システムは並存。
2015年４月10日	2016年４月	トモニホールディングス（香川銀行、徳島銀行の持株会社）と大正銀行、2016年４月大正銀行がトモニホールディングスの子会社化、2020年１月徳島銀行と大正銀行が合併し、徳島大正銀行になる。両行利用の日立の共同化システム「NEXTBASE」のまま統合。
2015年６月12日	2016年10月	東京TYフィナンシャルグループ（東京都民銀行、八千代銀行の持株会社）と新銀行東京、2016年４月新銀行東京が東京TYフィナンシャルグループの子会社化、2018年５月東京きらぼしフィナンシャルグループに商号変更し、東京都民銀行、八千代銀行、新銀行東京の３行合併によりきらぼし銀行となり、東京都民銀行のNTTデータ共同化システム「STELLA CUBE」にシステム統合。
2015年10月27日	2016年10月	常陽銀行と足利HD（足利銀行の持株会社）、2016年10月めぶきフィナンシャルグループ発足、2020年１月常陽銀行の日本IBM共同化システム「Chance」にシステム統合。
2016年２月25日	2019年４月	ふくおかフィナンシャルグループと十八銀行、2019年４月ふくおかFGの子会社化。2020年10月親和銀行と合併し、十八親和銀行となる。2021年１月親和銀行の日本IBM共同化システム「Flight21」に統合。
2017年２月28日	2018年４月	三重銀行と第三銀行、2018年４月三十三フィナンシャルグループ発足、2021年５月合併して三十三銀行となり、第三銀行の利用する日立の共同化システム「NEXTBASE」に統合。
2017年３月３日	2018年４月	関西３地銀（近畿大阪銀行、関西アーバン銀行、みなと銀行）、2018年４月関西みらいフィナンシャルグループ発足、2019年４月近畿大阪銀行と関西アーバン銀行が合併し関西みらい銀行発足、2019年10月15日関西みらい銀行のシステムが旧近畿大阪銀行のりそな銀行系のシステムに統合。みなと銀行のシステム統合は2025年頃を予定。
2017年４月５日	2018年10月	第四銀行と北越銀行、2018年10月第四北越フィナンシャルグループ発足、2021年１月合併により第四北越銀行となり、システムは、旧第四銀行の日本IBMの「TSUBASA」に統合。

金融システム危機以降、大きな再編を免れる代わりに新規ＩＴ投資の負担の削減が経営課題となったことで、システムを共同化する動きが進んだことがある。共同化は複数の陣営があり、利用銀行数が39銀行のＮＴＴデータと、利用銀行数は24行だが大手地銀を中心に利用されている日本ＩＢＭが2強である。ＮＴＴデータ系には、京都銀行が始めた地銀共同センター（13行）、小規模地銀中心のＳＴＥＬＬＡ ＣＵＢＥ（11行）、BeSTAcloud（10行）、横浜銀行主体のＭＥＪＡＲ（5行）がある。

日本ＩＢＭ系には、三菱ＵＦＪ銀行のシステムを利用するChance（8行）、八十二銀行のシステムを利用するじゅうだん会（7行）、千葉銀行中心のＴＳＵＢＡＳＡ（5行）、福岡銀行中心のFlight21（4行）がある。日本ＩＢＭ系は大手地銀が利用していて、将来の経営統合後も利用される確率が高いという点に強みがある。その後に、17行が利用する日立と、11銀行が利用するＢＩＰＲＯＧＹのBankVisionが続いている（表2－3）。

その一方で、富士通のＰＲＯＢＡＮＫは、２０２４年1月に東邦銀行が日本ＩＢＭのＴＳＵＢＡＳＡ、２０２４年5月に清水銀行がＮＴＴデータのＳＴＥＬＬＡ ＣＵＢＥ、西京銀行が２０２４年度中にＢＩＰＲＯＧＹのBankVisionのクラウド版へ移行するため、利用銀行が消滅する。

名　称	ベンダー	参加行（含未稼働）	特　色
地銀共同センター	NTTデータ（ハードは日立）	京都、千葉興業、岩手、池田泉州、愛知、福井、青森、秋田、四国、鳥取、西日本シティ、大分、山陰合同（13行）	京都銀行がファーストユーザ、共同化最大勢力
STELLA CUBE	NTTデータ（ハードは日立）	きらぼし、富山、但馬、長野、東北、神奈川、仙台、きらやか、福邦、名古屋、清水（2024年５月）（11行）	STARシリーズ第3世代
BeSTAcloud	NTTデータ（ハードは日立）	荘内、北都、あおぞら、福岡中央、佐賀共栄、長崎、豊和、宮崎太陽、南日本、沖縄海邦（10行）	荘内銀行がフィデアホールディングス設立を機に、地銀共同センターから分派
MEJAR	NTTデータ（ハードは富士通）	横浜、北海道、北陸、七十七、東日本（５行）	横浜銀行が主体
Chance	日本IBM	常陽、百十四、十六、南都、山口、北九州、もみじ、足利（8行）	三菱UFJ銀行のシステムがベース
じゅうだん会	日本IBM	八十二、阿波、山形、武蔵野、琉球、筑波、宮崎（７行）	八十二銀行のシステムを共同化
TSUBASA	日本IBM	千葉、第四北越、中国、北洋（2022年度）、東邦（2024年1月）（5行）	千葉銀行中心のアライアンス
Flight21	日本IBM	福岡、広島、熊本、十八親和（４行）	ふくおかFGが中心
NEXTBASE	日立	徳島大正、香川、イオン、北日本、トマト、高知、栃木、中京、大光、三十三、静岡中央、大東（12行）	主に第二地銀向け、NTTデータのBeSTAを採用
オープン勘定系	日立	肥後、みちのく（青森との統合で離脱予定）、静岡、滋賀（2024年１月）、京葉（2023年度）（5行）	肥後、みちのくが先行、滋賀、京葉は、静岡銀行ベース
BankVision	BIPROGY	百五、筑邦、紀陽、佐賀、山梨中央、鹿児島、スルガ、北國、大垣共立、農林中金、西京（2024年度）（11行）	Windowsベースのフルバンキングシステム

筆者作成

表２-３　地方銀行のシステム共同化

ところで、経営統合の効果が最も出やすいのは同じ県の銀行同士の経営統合だが、同じ県の銀行はライバルとなるため、業務戦略の手の内を見せないために異なる陣営に入る傾向があった。例えば、２００９年に山形県で２位の荘内銀行と、秋田県で２位の北都銀行がフィデアホールディングス傘下で経営統合した際、荘内銀行が加入している地銀共同センター陣営に北都銀行も参画しようとしたが、秋田銀行（秋田県１位の地銀）に反対され、希望がかなわなかった。結局、荘内銀行と北都銀行で新たにBeSTAcloud陣営を作ることになった。

このように、経営統合後に、どのようにシステム統合するのかの調整に手間取る可能性もある。

２・４　ＳＢＩホールディングス、第４のメガバンク構想

新たなプラットフォーム

２０２１年12月22日、ＳＢＩホールディングスが新生銀行を連結子会社化した。これは、ＳＢＩホールディングスが２０１９年から進めてきた第４のメガバンク構想を大きく進展さ

発表年月	資本・業務提携先	資本提携内容（2021年末）
2019年9月6日	島根銀行（島根県）	SBI地銀ホールディングス20.76%、SBI地域銀行価値創造ファンド13.08%
2019年11月11日	福島銀行（福島県）	SBI地銀ホールディングス17.86%、SBI地域銀行価値創造ファンド1.43%
2020年1月17日	筑邦銀行（福岡県）	SBI地銀ホールディングス2.91%
2020年2月18日	清水銀行（静岡県）	SBI地銀ホールディングス2.45%　、清水銀行がSBIホールディングスの株式を取得
2020年10月23日	東和銀行（群馬県）	SBI地銀ホールディングスが1%を上限に株式を取得
2020年11月20日	仙台銀行（宮城県）	SBI地銀ホールディングスが、持株会社のじもとホールディングスに16.96%、SBI地域銀行価値創造ファンドが0.91%
	きらやか銀行（山形県）	
2021年5月14日	筑波銀行（茨城県）	SBI地銀ホールディングスが1億円上限で普通株式取得、筑波銀行が1億円上限でSBI地方創生アセットマネジメント取得
2021年12月11日	新生銀行（東京都）	SBIホールディングスが、新生銀行の株式保有比率が47.8%で、連結子会社化

筆者作成

表2-4　第4のメガバンク構想の進展

せるものであった。

第4のメガバンク構想は、2019年9月にSBIホールディングスの北尾吉孝社長が打ち出したものである。三菱UFJ、三井住友、みずほのような大きな銀行を合併して作るということではなく、10行程度の地方銀行との資本業務提携による緩やかな連合体を目指すものである。2021年12月の新生銀行連結子会社化の前までに、8銀行が資本提携している（表2－4、前ページ）。

当初はＳＢＩホールディングスが直接出資していたが、２０２０年9月以降は、ＳＢＩ地銀ホールディングスの出資形態に変更となっている。具体的連携策だが、ＳＢＩグループからは、有価証券運用や、フィンテック関連のシステム提供などの支援を行い、提携地方銀行と証券の共同店舗により、コンサルティング営業を推進する等の連携を行っている。

また、２０２０年8月には、コンコルディア・フィナンシャルグループ（横浜銀行等の持株会社）、新生銀行、山口フィナンシャルグループ（山口銀行等の持株会社）と共同で、地方創生パートナーズを設立した。第4のメガバンク構想とも連動して、地方創生を図る母体となる企業で、ＳＢＩグループの出資比率が84％（２０２１年末現在）だが、ＳＢＩの名称は付けないことで、他の有力金融機関の出資を受け入れる可能性を残している。

新生銀行を連結子会社化したことにより、ＳＢＩグループで今まで弱かった、法人向け金融事業やノンバンクの機能を強化することができた。北尾社長は、新生銀行を連携する地域金融機関の新たなプラットフォームとして位置付けるとしている。

2・5　勘定系共同化連合の枠組み変化

先に述べた勘定系システムの共同化の枠組みにも、いくつかの変化の兆しが起きている。第一に、共同化利用システムのオープン化、第二にアプリでの共同化枠組みを超えた提携である。

共同利用システムのオープン化

2019年5月、NTTデータが提供し、横浜銀行等5行が利用している勘定系共同化システムであるMEJAR陣営で、オープン基盤の採用を検討していることが発表された。そして、2021年4月に正式にメインフレームからオープン基盤への移行が発表された。

このオープン基盤の上に、勘定系システムなどの銀行基幹系システムと外部サービスをAPI接続により容易に接続するためのオンラインデータ連携基盤を構築することで、インターネットやスマートフォンアプリなどの非対面チャネルにおけるスピーディな銀行サービスの提供が可能になる。これは2024年の移行を予定している。その後2030年頃には、

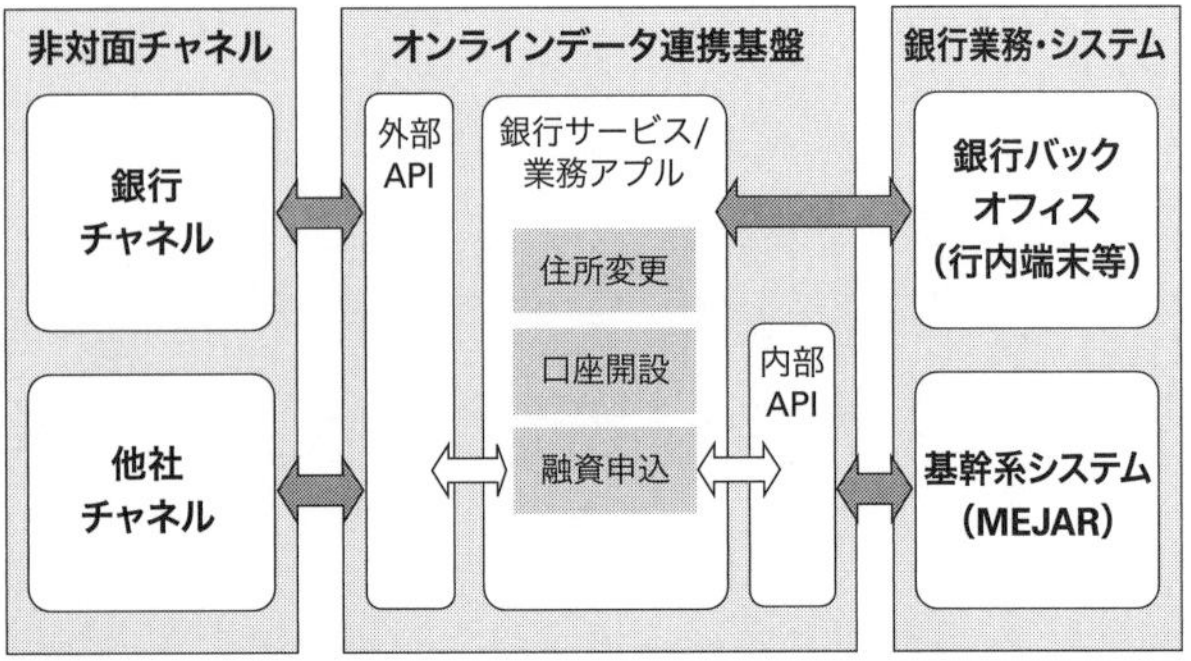

2021年4月1日コンコルディア・フィナンシャルグループニュースリリースを元に筆者作成

図2-2　横浜銀行のオンラインデータ連携基盤のイメージ

基盤のクラウド化を行うことを視野に入れている。

２０２１年11月には、ＮＴＴデータ製の同一の勘定系パッケージ（ＢｅＳＴＡパッケージ）を利用する地銀共同センター陣営（全13行）と、ＭＥＪＡＲ陣営（全5行）とで、共同化グループの枠組みを超えたシステム運用の効率化を検討する「地銀共同センター・ＭＥＪＡＲ システム・ワーキンググループ（略称「ＣＭＳ－ＷＧ」）」を立ち上げた。これは横浜銀行が地銀共同センターの京都銀行に話を持ちかける形で始まった。

ＣＭＳ－ＷＧの検討テーマは五つあり、①勘定系システムの効率的運用、②営業店窓口機器などの効率的な開発／調達、③オンラインデータ連携基盤の相互利用、④ＩＴ／デジタル人財の育成策、⑤サイバーセキュリティの共助である。

中でもオンラインデータ連携基盤については、横浜銀行で構築した基盤の２０２１年10月から地銀共同センターでの活用が始まっている（図２－２）。

アプリでの共同化枠組みを超えた提携

第二のアプリでの共同化枠組みを超えた提携としては、ふくおかフィナンシャルグループとりそなホールディングスのアプリが代表的なものである。

ふくおかフィナンシャルグループに関しては、２０１６年４月に設立したiBank マーケティング社が、銀行代理業として２０１６年７月22日にWallet ＋という口座管理アプリを福岡銀行向けに開始した。

このアプリは口座の収支管理を行うだけでなく、資産運用を行うことが可能である。さらに非金融サービスとして、ポイントサービスや情報コンテンツサービスも提供するものである。マネーフォワードのようなフィンテック企業が提供するサービスを銀行が開発した点でも特筆に値するものである。

２０１７年10月には、グループ内の熊本銀行、親和銀行にサービスを拡大し、２０１８年以降、グループ外の銀行６行（沖縄、広島、山梨中央、十六、南都、佐賀）がWallet ＋を利用

導入年月日	銀行名	共同化システム
2016年７月22日	福岡銀行	Flight21
2017年10月２日	熊本銀行	Flight21
2017年10月２日	親和銀行（現十八親和銀行）	Flight21
2018年３月26日	沖縄銀行	NECメインフレーム
2019年４月12日	広島銀行	Flight21
2019年10月７日	山梨中央銀行	BankVision
2019年12月17日	十六銀行	Chance
2019年12月17日	南都銀行	Chance
2021年１月７日	佐賀銀行	BankVision
2022年夏予定	八十二銀行	じゅうだん会
2023年春予定	北日本銀行	NEXTBASE
2023年春予定	阿波銀行	じゅうだん会

筆者作成

表2-5　口座管理アプリWallet＋導入銀行

している。さらに3行（八十二、北日本、阿波）でも順次リリースする予定である。２０２１年6月時点でユーザー数は35万人、Wallet＋経由の貯蓄預金残高が４００億円、２０２１年11月現在、累計ダウンロード数は１７０万ダウンロードと拡大している。

参加銀行は、各県内でシェアの高い有力地方銀行が多く、地銀の共同化システムの枠組みを超える提携である点も注目すべきである。具体的には、ＢＩＰＲＯＧＹのBankVision利用銀行が2行、日本ＩＢＭのChance利用銀行、じゅうだん会の銀行が各2行となっている（表2－5）。顧客チャネルに直結するシステムに関しては、勘定系システムのつながりを超えて提携している典型例である。

共同化枠組みを超えたもう一つの提携は、りそなホールディングス（ＨＤ）のアプリの事例である。２０１８年２月19日、チームラボ、日本ＩＢＭ、りそなデジタルアイ（日本ＩＢＭ51％と、りそなＨＤ49％の合弁会社）の３社の協同で、りそなスマート口座アプリをりそな銀行、埼玉りそな銀行、近畿大阪銀行（現関西みらい銀行）で開始した。

このりそなスマート口座アプリを地域金融機関に対して提供する試みを行い、２０２１年３月24日に、めぶきフィナンシャルグループの常陽バンキングアプリと足利銀行アプリにカスタマイズして提供した。なお、常陽銀行と足利銀行は、共同化システムは日本ＩＢＭのChance のグループである。りそなＨＤは、２０２１年８月24日には京葉銀行ともバンキングアプリを含む戦略的業務提携を発表した。

２・６　地方銀行のＤＸの今後

共同化の三つの類型

前述したように、地方銀行は地域に根差したビジネスの基盤を持っていたため、１９９０

年代後半から都市銀行の再編が進行するのに対し、小規模な再編の進行に留まっていた。都市銀行と比較して、ビジネスの規模が小さい一方で、商業銀行として用意するサービスや商品の品揃えはさほど変わらないため、ＩＴ投資の負担感が高まってきた。

そのような背景で、２０００年頃から勘定系システムを中心としたシステム共同化が進展した。共同化の特徴を見ると、ベンダー主導型、大手銀行主導型、オープン系型の三類型があるといえる。

第一のベンダー主導型は、ＮＴＴデータ、日本ＩＢＭ、日立製作所、富士通等のＩＴベンダーが主導の共同化である。

第二の大手銀行主導型は、三菱ＵＦＪ銀行、りそな銀行、八十二銀行のシステムをベースとするものがある。また、地方銀行上位の横浜銀行、千葉銀行、福岡銀行、静岡銀行は他の地方銀行上位銀行と組むことを良しとせず、自行が主導する共同化を行った。

これらの中では、日本ＩＢＭ系で福岡銀行中心のFlight21と、八十二銀行中心のじゅうだん会が２００２年から２００３年に先行した。ＮＴＴデータ系で横浜銀行中心のＭＥＪＡＲは２０１０年にリリースし、日本ＩＢＭ系で千葉銀行中心のＴＳＵＢＡＳＡは２０１６年にリリースした。日立系の静岡銀行は、２０２１年にようやくリリースした。

第三のオープン系型は、ＮＴＴデータ、日本ＩＢＭ、日立製作所、富士通の動きからやや出遅れた日本ユニシス（現ＢＩＰＲＯＧＹ）のBankVisionが２００７年にリリースして先行し、日立のオープン勘定系が２０１９年にリリースした。ＮＴＴデータもＭＥＪＡＲ陣営のオープン系を２０２４年にリリースする予定である。

三類型を軸に共同化が進んだため、共同化グループの乱立を招き、ＩＴコストの削減は限定的となり、経営統合の制約ともなっている。

また共同化の副作用として、第一に銀行内のＩＴ人材の育成が不十分となる点、第二に共同化のハブ部分での障害発生リスクという点への留意が必要である。

第一の銀行内のＩＴ人材の育成が不十分となる点については、中堅以下の地方銀行（後から追随するフォロワー行）では、銀行内のＩＴ人材が育成されないということも生じた。一方で、今後の金融ＤＸの進展の中で、ＩＴが分かる内部人材を育成することが急務となっている。その点、北國銀行が設立したデジタルバリュー社やふくおかフィナンシャルグループが設立したiBankマーケティング社、ゼロバンク・デザインファクトリー社は、ＤＸ人材を採用し育成する試みであり、将来的に効果を発揮するものであると考える。

第二の共同化のハブ部分での障害発生リスクに関しては、単一銀行の障害より大きく採り

PBR	銀行名
0.11〜0.19	栃木、千葉興業、山梨中央、大分、高知、百十四、大光、宮崎太陽、岩手、東和、富山第一、秋田、山形、愛知、東京きらぼし、筑波、ほくほくFG、北日本、三十三FG、七十七、名古屋、南日本、滋賀、四国、佐賀、長野、福岡中央、京葉、トモニFG
0.20〜0.29	みちのく、八十二、清水、南都、百五、鳥取、愛媛、宮崎、北洋、福島、フィデアHD、池田泉州HD、武蔵、大垣共立、福井、琉球、山口FG、大東、じもとHD、めぶきFG、伊予、九州FG、第四北越FG、群馬、山陰合同、筑邦、島根、トマト、東邦、青森、富山、中国、阿波、十六、北國
0.30〜0.39	東北、京都、中京、ゆうちょ、ふくおかFG、紀陽、スルガ、みずほFG、ひろぎんHD
0.40〜0.49	新生、りそなHD、静岡、コンコルディア、SMFG、MUFG、千葉、沖縄
0.50〜0.59	三井住友トラスト、あおぞら
0.67	豊和

筆者作成

表2-6　銀行のPBR（2021年12月24日現在、十六、北國、沖縄は9月28日現在）

上げられることを想定する必要がある。例えば2022年3月26日に共同センターの電源の障害により、「Chance」加盟の8銀行とローソン銀行のATM取引やインターネット取引ができなくなるという障害が発生した。当日は、店舗が開いていない土曜日であったため、行員が店舗に出勤して案内を行う銀行もあれば、預金引出しまで可能とする銀行もあった。障害発生に備えた事前の準備シナリオが肝要となる。

＊　＊　＊

本章の最後に、銀行の株式市場で

の評価について触れたい。銀行の評価は株価に表れる。ＰＢＲ（Price Book-value Ratio＝株価純資産倍率）という１株当たり純資産の何倍の値段かという尺度の上場企業内のランキングで見ると、低評価ランキングの多くを地方銀行が占めている（表２－６）。

ＰＢＲが１倍であれば、株価と１株当たりの純資産が等しくなる。したがってＰＢＲが１倍を下回れば、会社が解散した場合、投資額以上の還元が期待できるということになる。要は、銀行特に地方銀行への市場の評価は極めて低い。生き残りのためには、今まで以上の金融ＤＸによるビジネスモデルの変革が必要だと考える。

第3章

地域通貨の挑戦

３・１　協同組織金融機関の金融ＤＸ

信用金庫や信用組合の金融ＤＸの特徴

第１章ではメガバンク、第２章では地方銀行の取り組みについて述べてきた。続く第３章では、銀行以外の預金取扱金融機関である協同組織金融機関の金融ＤＸの取り組みについて述べる。

協同組織金融機関には、信用金庫や信用組合がある。預金取扱金融機関の詳細分類を表３−１に示した。実は、都市銀行、地方銀行、第二地方銀行は同一の根拠法や組織形態の営利企業である。異なるのは、第二地方銀行が元は相互銀行と呼ばれる業態だった点だけである。よって地方銀行は、他県、とりわけ首都圏や関西圏に越境進出する戦略を取ることがしばしばある。

信用金庫、信用組合は非営利団体であり、それぞれ信用金庫法、中小企業等協同組合法が根拠法となっており、株式会社ではなく、地域の会員や組合員の出資により成り立っている。銀行より税制上優遇されるが、貸出は会員や組合員に限定され、営業地域も限定される制約

	銀行		協同組織金融機関	
	都市銀行地方銀行	第二地方銀行	信用金庫	信用組合
根拠法	銀行法		信用金庫法	中小企業等協同組合法
組織形態	株式会社		会員出資の協同組織	組合員出資の協同組織
営利非営利	営利団体		非営利団体	
預金	制限なし			原則組合員
貸出	制限なし		原則会員	原則組合員
営業地域	制限なし		限定	限定
その他		元は相互銀行*	優遇税率適用	

*かつては「無尽」と呼ばれる会員による相互扶助組織、1951年に旧相互銀行法制定に伴い、相互銀行に転換、その後1989年頃から普通銀行に転換。尚、きらぼし銀行の前身の八千代銀行（他前身：東京都民銀行、新銀行東京）だけは、信用金庫からの転換

筆者作成

表3-1　預金取扱金融機関の分類

がある。

その制約条件は、営業地域の会員や組合員のための組織であることによる。営業地域の活性化が、協働組織金融機関の目的である。その意味で、株主に対する経営責任を求められる銀行よりも、地域への貢献を名実ともにしやすい立場であるともいえる。

本章では、高山市、飛騨市、白川村を事業エリアとする飛騨信用組合の地域通貨「さるぼぼコイン」と、木更津市の君津信用組合が参画している地域通貨「アクアコイン」の取り組みを中心に説明する。

3・2　飛騨信用組合の地域通貨「さるぼぼコイン」

地域通貨の代表的な成功事例

さるぼぼコインは、２０１７年12月４日に飛騨信用組合が運用を開始した地域通貨である。開始から約４年経過した２０２１年９月現在では、飛騨高山白川地区の１６４２店舗での利用可能と勢力を拡大した。地域の個人、加盟店とも４割が加入しているとのことで、地域通貨の代表的な成功事例である。さるぼぼコインの企画推進の中心となったのは、２０１２年にＵターンで入組し、元常勤理事総務部長で現在非常勤監事を務める古里圭史氏である。

さるぼぼコインの特徴は、協同組織金融機関ならではの施策として、地域の中小規模商店のみを加盟店とし、全国規模のチェーン店は加盟店としない等、地域の活性化、すなわち「お金の地産、地消」を指向している点である。

加盟店は、ＱＲコードが記載された掲示プレートを置くだけで導入できる。この掲示プレートは飛騨信用組合が作成するので、加盟店には導入費用はまったくかからない。また払戻手数料も１・５％と、クレジットカードより低水準として導入を促進している。さらに加盟

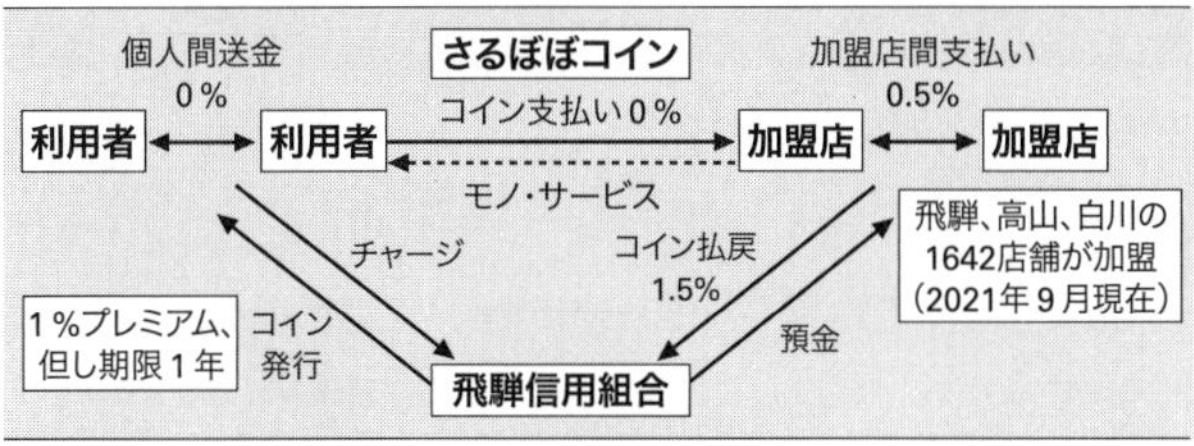

信用組合ならではの施策として、「お金の地産、地消」を指向。

1. 地域の中小規模商店のみを対象とする。
   1）全国規模チェーン店は加盟店としない。
   2）加盟店の導入費用はゼロ。静的QRコードを掲示する形式
   3）払戻手数料は1.5%（1万円なら150円）
   4）店舗間（事業者間）送金は手数料0.5%（1万円なら50円）
2. 前払式支払手段とbank機能の組み合わせ。
3. 飛騨信用組合の口座保有者はbank機能で、利用者間無料で送金可能。
4. 飛騨市の税金や手数料の支払いが可能（2019年4月〜）
5. 全国のセブン銀行ATMでチャージ可能（2020年3月〜）

飛騨信用組合HP等により筆者作成

図3-1　さるぼぼコインの仕組みと特徴

店舗間（事業者間）の送金に活用する場合は手数料0・5%として、払い戻しよりも流通するインセンティブを高める商品設計となっている。ユーザー側にも入金時に1%のポイントをプレミアムとして付ける一方で、利用期限を1年として退蔵を防ぎ、流通を促進する設計となっている（図3－1）。

大和総研の町井克至氏と矢作大祐氏の論文によると、前払式支払手段である「さるぼぼPay」、プレミアムとして付与される「さるぼぼポイント」、普通預金口座規定を準用する「さるぼぼBank」の三つの要素を組み合わせている。また、ポイント提供により一般利用

名称	さるぼぼPay	さるぼぼポイント	さるぼぼBank
対象	一般利用者	全て	口座保有者
価値	1コイン=1円	1ポイント=1円	1コイン=1円
獲得方法	現金または口座からチャージ	買い物時の特典	口座間の移動
法律上の扱い	前払式支払手段（資金決済法）	景品類（景品表示法）	普通預金規定等を準用（銀行法等）
取り扱い	譲渡不可、払戻不可	譲渡不可、払戻不可	送金可（さるぼぼBank宛） 払戻可（普通預金口座宛）

町井・矢作（2018）による

表3-2　さるぼぼコインを構成する3つの要素

者の使用を促し、さらに口座保有者には利用者間や加盟店間の送金を実現することで、さるぼぼコインの流通を促進する仕掛けとなっている（表3－2）。

この地域通貨のシステムは、アイリッジ社と飛騨信用組合の共同開発によるものである。これによって飛騨信用組合はシステム投資を数千万円に抑えることができた。一方、アイリッジ社は構築した電子地域通貨プラットフォーム「MoneyEasy」を他の地域通貨運営者に提供することで、投資を回収していくスキームである。２０１８年６月にアイリッジ社は、電子地域通貨運営事業を分社化してフィノバレー社とした。このフィノバレー社には、飛騨信用組合も出資している。

飛騨信用組合のキャッシュレスによる取り組みは、さるぼぼコインだけではない。コロナ禍で２０２０年からは事情が異なるが、飛騨高山白川地区は、本来海外からの観光客が多い地域でもある。海外からの観光客は口座を保有することはできないので、プリペイド型のさるぼぼコイン利用は、チャージやアプリ登録の手続きが煩雑である。

そこで、さるぼぼコインの利用を無理に促進するのではなく、並行して中国のアリババグループのＱＲコード決済であるAlipayとも提携し、さるぼぼコインでキャッシュレスに馴染んだ加盟店舗に導入をしている。また、クレジットカードについても飛騨信用組合が加盟店を管理する役割のアクワイアラーとなった。その推進に際しては、１台で多様な決済に対応できる決済専用端末を活用した。以上のように多面的な振興策を図った。

逆風と巻き返し

しかしながら、２０１８年後半からPayPayに代表されるＱＲコード決済への大手通信キャリアの進出により、10%を超えるようなポイント還元競争が始まった。その結果、１％還元しかできないさるぼぼコインは劣勢に立たされる。２０１９年10月の消費税10%引き上げとともに始まった、経済産業省のキャッシュレス還元キャンペーンにより、相応の伸びはあったが、２０２０年３月からの新型コロナウイルス感染拡大により、海外からの観光客の受け入れはできなくなった。

さるぼぼコインの企画推進の中心となった古里氏へのインタビュー（「行政&情報システム」２０２１年12月号）等によると、このような逆風下でも飛騨信用組合は三つの活動を行って、さるぼぼコインを推進していったという。その三つとは、加盟店向けの活動、域内ユーザー向けの活動、域外のユーザーや観光客向けの活動である。

第一の加盟店向けの活動としては、先述したように加盟店に受け入れやすい仕組みとして、コスト負担をなくすこと、また域外の企業が資本を持つコンビニエンスストアや量販店は加盟店としないことで、地域の零細商店にユーザーの利用が向くような仕掛けを作った。

第二の域内ユーザー向けの活動としては、様々な機会や人的資源により、丁寧に使い方を説明する機会を作った。営業で外回りをする担当者が直接加盟店やユーザーのところに行って説明やフォローを行い、また地元のカフェを貸し切った説明会やイベントも頻繁に開催した。それによって60～70代の女性がコアユーザーとなり、「簡単だから使っている」との声をもらっている（「行政&情報システム」２０２１年12月号）。

第三の域外のユーザーや観光客向けの活動としては、旅行前にさるぼぼコインを事前購入できるように、全国のセブン-イレブン店舗での24時間３６５日のチャージを可能とした。

しかしながらコロナ禍の影響もあって実際の観光客が減少したため、新たな策として２０２

0年12月からは飛騨高山地区の希少価値のある特産品をさるぼぼコインのみで販売する通販サイトとして、「さるぼぼコインタウン」を構築した。具体的には、「飛騨牛のいちぼ」や「イタリアンのかつ丼」等の域外では購入が難しい商品の提供により、潜在的な観光客へのさるぼぼコインの利用と、観光客向け売り上げが減少した域内事業者への支援を行っている。

地域通貨として学べること

さるぼぼコインの事例から考えられる他の地域通貨への示唆は次の点である。

第一に、QRコード決済を利用しているが、必ずしもキャッシュレスありきではなく、地域活性化の仕掛けとして捉えている点である。具体的には、地域通貨のターゲット顧客を地域住民と地域中小店舗に絞り込んでおり、大手のキャッシュレスサービスのような全国展開型の仕組みとはまったく異なる。資金が地域に留まる仕掛けとなっており、地域の活性化のための有効なツールとして地域通貨を考えている。この点は、他の地域での地域通貨が全国展開型のキャッシュレスと差異化するための示唆となる。

第二に、転々流通性の付与の実現である。そのためには、預金取扱金融機関が関与することが必要である。一般企業の前払式支払手段や資金移動業の免許だけでは実現が難しいものであり、他の地域通貨に示唆を与えるものである。

第三に、弱点として、行政の巻き込みが課題となることである。信用組合でのイベントだけでなく、行政サービスの中での利用が促進される形が望まれるということが、地域通貨の持続には必要となる。さるぼぼコインの場合、域内で人口規模２万人の飛騨市に関しては、プレミアム商品券の一部をさるぼぼコインで発行する施策や、税金や手数料での利用で協力を得ることができた。しかし、人口規模８万人の高山市に関しては協力の進展が遅れた。これは、市内に高山信用金庫等の競合する金融機関があるためという事情もある。高山市の指定金融機関も、高山信用金庫、飛騨信用組合、飛騨農業協同組合、十六銀行の２年ごとの輪番制である。しかしながら、高山市でもようやく協力が進み出し、健康ポイントの連携やコロナ禍での商店の助成策での活用が行われている。

３・３　木更津市限定の地域通貨「アクアコイン」——「三位一体」の運営

基本機能

飛騨信用組合のさるぼぼコインと同じ電子地域通貨プラットフォーム「MoneyEasy」を利用し、２０１８年10月から運営されているのが、木更津市限定の地域通貨アクアコインである。さるぼぼコインと異なり、最初から行政と金融機関、そして商工会議所が三位一体で運営している点が持続性を高めている（図３－２、次ページ）。

具体的には、木更津市と木更津市に本店がある君津信用組合、そして木更津商工会議所が運営主体となっている。これにより、木更津市のポイント還元施策に活用することで、魅力を高めることができる。また参加店募集については、信用組合ルートだけでなく、商工会議所ルートでの増加を図ることが可能となった。

基本機能は、飛騨信用組合のさるぼぼコインと似通っていて、ＱＲコードが記載された掲示プレートでの決済だけを提供する。参加店間での支払い（送金）も可能である。２０１８年10月の開始時点では、プリペイドでのチャージ機能である「アクアPay」がまず提供さ

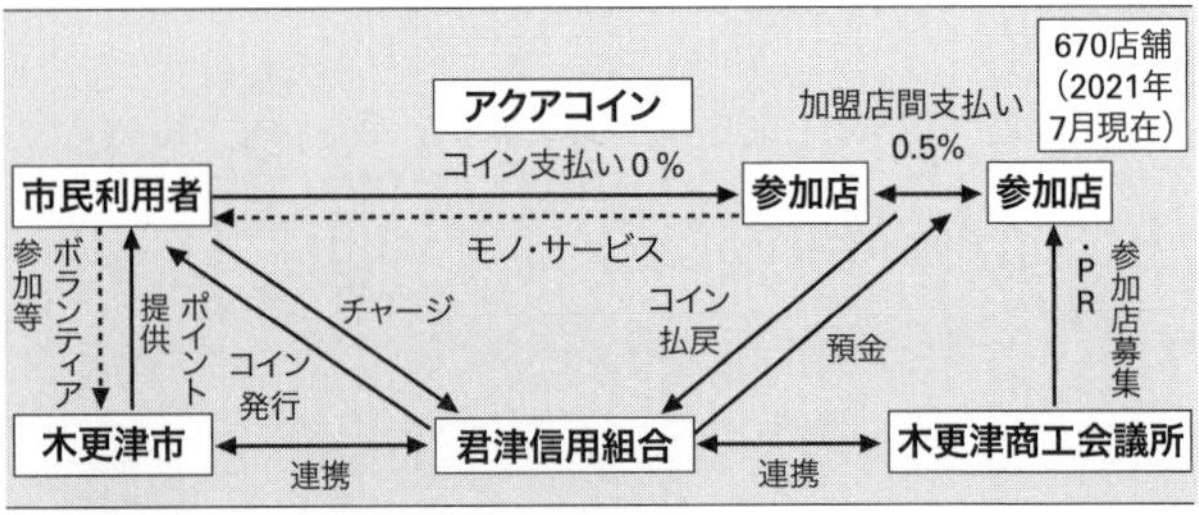

1. 市、信用組合、商工会議所の三位一体の運営
2. 基本機能
   1）加盟店の導入費用はゼロ。…静的QRコードを掲示する形式
   2）払戻手数料は1.8%（君津信用組合組合員は1.5%）（1万円なら180円か150円）
   3）参加店舗間送金は手数料0.5%（1万円なら50円）
3. 前払式支払手段（有効期限1年、限度額10万円、2018年10月開始）とbank機能（有効期限3年、限度額200万円、2020年1月開始）の組み合わせ。
4. 君津信用組合の口座保有参加店はbank機能で、参加店間で送金可能。
5. 木更津市のキャンペーンが随時実施される
6. 全国のセブン銀行でチャージ可能（2020年4月～）

木更津市HP等により筆者作成

図3-2　アクアコインの概要

れた。これは有効期限が1年で利用限度額は10万円である。資金決済法の前払式支払手段に依拠するもので、払戻や送金の機能はなかった。

2020年1月からは、君津信用組合の口座保有者向けの「アクアBank」が追加された。これは有効期限が3年と長く、利用限度額も200万円となった。利用開始時には本人確認が必要となるが、コインからの払い戻しや利用者間の送金も可能となった。

さるぼぼコインと異なるのは、「アクアBank」の有効期限が長いことに加え、地域の店舗だけでなく、セブン－イレブンやローソンの一部でも利用可能として、利用者の利便性を高めている点にある。

持続的な運用に必要なコスト

地域通貨のシステムを持続的に運用するには、相応のコストがかかる。環境省の環境ビジネスの先進事例集によると、フィノバレーが提供する電子地域通貨プラットフォーム「MoneyEasy」の場合、共通機能で10万人都市の場合で初期費用が約３０００万円、年間利用料が６００万円とのことである。さるぼぼコインの場合、利用者に発行するときは１％のポイントを付与し、加盟店に払戻する際は１・５％の手数料を徴収しており、０・５％の粗利がある。年間利用料６００万円の粗利を上げるためには、年間12億円、月間１億円の払戻が必要となる計算である。

さるぼぼコインは２０２１年度で40億円程度の流通規模で、その点はクリアしている。また流通する約40億円の資金は、無利子での預金のようなものであり、それを運用することでの利益を得ることも可能である。コスト面では、飛騨信用組合のような金融機関の場合、すでに預金の入出金を本業で行っているので、地方自治体等が運営する場合と比較すると、運営のために新たな要員を雇う必要がない点も強みといえる。

そうはいっても、成功するためには継続的に様々な利用促進策や連携策を繰り出していくことが必要である。単純に採算でのメリットで捉えるべきではない。短期的な収益とならないが、地域の中小規模の商店との連携を深めるという、経営の意思が肝要となると考える。

3・4　続々と参入する電子地域通貨

「地域通貨」ブーム

さるぼぼコインの成功やアクアコインが軌道に乗ったことを受け、各地で電子地域通貨を導入する動きが生じていて、一種のブームとなっている。電子地域通貨のプラットフォームとしては、さるぼぼコインやアクアコインを提供しているフィノバレーのMoneyEasyと、トラストバンクが２０１９年5月から自治体向けに提供しているchiicaが２大勢力である（表3－3）。

トラストバンクは、「ふるさとチョイス」というふるさと納税サイトを運営している企業である。ふるさと納税で培った地方公共団体とのつながりを生かして、地域通貨事業に参入

本格運用開始日	通貨名	運営主体
【フィノバレー（MoneyEasy）】		
2017年12月4日	さるぼぼコイン	飛騨信用組合
2018年10月1日	アクアコイン	木更津市・君津信用組合・木更津商工会議所
2020年12月13日	カケハシコイン	NPO法人夢職人（東京都江東区）
2021年2月1日	MINAコイン	南島原市・十八親和銀行（ふくおかFG）
2021年2月20日	せたがやPay	世田谷区商店街振興組合連合会（東京都）
2021年12月6日	きじうまコイン	きじ馬スタンプ協同組合（熊本県人吉市）
【トラストバンク（chiica）】		
2019年10月1日	たんばコイン	たんば商業協同組合（兵庫県丹波市）
2020年5月18日	サンセットコイン	静岡県西伊豆町
2020年5月29日	新居浜あかがねポイント	愛媛県新居浜市
2020年10月1日	ふじペイ	静岡県富士市
2020年10月1日	Meji-Ca（めじか）	高知県土佐清水市
2020年12月18日	Tengoo（てんぐー）	群馬県沼田市
2021年1月1日	カナちゃんコイン	大阪府河南町
2021年4月28日	ネギー	埼玉県深谷市
2021年7月26日	あま咲きコイン	兵庫県尼崎市
【その他】		
2018年12月25日	マチカ	まちペイ（愛媛県松山市）

筆者作成

表3-3　主な電子地域通貨

した。2021年12月現在、chiicaは電子商品券形態も含め、26団体で稼働するまでに至っている。

最近では、さるぼぼコインのような金融機関中心の運営よりも、ポイント還元や地域振興券の電子化に取り組む地方公共団体や、商店の協同組合が主体となっている事業が多い。

ただし、先行するさるぼぼコインの取り組みと、コロナ禍での地域商店の活性化策の2点が、これらの地域通貨導入ブームに大きな寄与をしたことは間違いない。

第4章

フィンテックスタートアップの攻防——マネーフォワードとfreee

マネーフォワードとfreee

我が国で、２０１５年にフィンテック（FinTech）が脚光を浴びた際には、フィンテックスタートアップ企業として注目された企業の代表格が、２０１２年創業のマネーフォワードとfreeeだった。

マネーフォワードは、個人向けの自動家計簿兼資産管理サービスの事業と、中小法人向けの会計等クラウドサービスが中心である。一方のfreeeは、中小法人向けの会計等クラウドサービスを行っており、会計等クラウドサービスでは競合する関係である。

特筆すべき点として、２０１６年12月にfreeeは、マネーフォワード製会計ソフトの勘定科目自動仕訳の機能がfreeeの特許を侵害していると提訴する訴訟を行った。この訴訟は２０１７年７月にマネーフォワードが勝訴し決着した。その後、両社とも成長を続け、マネーフォワードは勝訴直後の２０１７年９月に東証マザーズ（現東証グロース）に上場、さらに２０２１年６月に東証１部（現東証プライム）に市場変更した。freeeも２０１９年12月に東証マザーズ（現東証グロース）に上場した。本章では、この２社の躍進を中心に進めていく。

４・１　マネーフォワード——「お金を前へ。人生をもっと前へ。」

個人財務管理サービスの基本機能

マネーフォワードは、２０１２年5月にソニーとマネックス証券を経験した辻庸介氏、野村証券出身の瀧俊雄氏らが創業した。「お金を前へ。人生をもっと前へ。」というビジョンが社名となっているフィンテックスタートアップ企業である。

個人向けの自動家計簿兼資産管理サービスである「マネーフォワード」の利用者数は、フィンテックが脚光を浴びた２０１５年10月時点ですでに３００万人だった。その後２０１８年11月に、「マネーフォワードＭＥ」に名称変更を行った。ＭＥとは、Money Experience、すなわち良質なお金の体験を提供したいという想いが込められたものである。２０２１年11月時点で利用者数が１２００万人を超えている。基本サービスが無料なのに対し、月額５００円でプレミアムのサービスを受けることができ、このサービスの利用者も36万人を突破した。

自動家計簿兼資産管理サービスは、個人財務管理サービス（ＰＦＭ：Personal Financial

企業名	サービス名	特　徴	会員数
マネーフォワード	マネーフォワードME	基本的に無料、プレミアムサービスは月500円、登録可能サービス2,590以上（FX、暗号資産にも対応）	1200万人、有料会員36万人（2021年11月）
Zaim	Zaim	基本的に無料、プレミアムサービスは月440円	950万ダウンロード（2021年12月）
マネーツリー	Moneytree	基本的に無料、有料サービスは月300円、登録可能サービス2,493、事業者向けプラットフォームである「Moneytree　LINK」を展開（2021年10月約80社）	550万人（2021年10月）

筆者作成

表4-1　個人財務管理サービス（PFM）の代表的3社の比較

Management）ともいう。マネーフォワードの競合としては、Zaimとマネーツリーがある。この３社の特色は、表４－１の通りである。

個人財務管理サービス（ＰＦＭ）の基本機能は、第一に複数金融機関からの情報集約、第二にレシートの取込による家計簿の自動作成、第三に家計の改善提案である。

第一の複数金融機関からの情報集約については、アカウントアグリケーション機能とも呼ばれる。金融機関から独立した立場の企業ならではの付加価値を提供するもので、個人財務管理サービス（ＰＦＭ）の主となるサービスといえる。マネーフォワードＭＥの場合、約２５９０の銀行、信用金庫、信用組合、農協、証券会社、クレジットカード、電子マネー、ポイント、投信、ＦＸ、暗号資産等と連携して、その入出金や残高の管理を一元的に行うことが可能である。

第二のレシート情報の取込による家計簿の自動作成については、金融機関からの情報を補完するものである。現金支払いしたレシートをスマートフォンで撮影すると、金融機関からの情報と合わせて自動的に仕訳して集計する機能である。

第三の家計の改善提案機能については有料サービスが中心となる。マネーフォワードＭＥの場合、無料会員はデータ閲覧が過去1年分、連携可能数も10件までだが、月額５００円のプレミアム会員になるとデータ閲覧可能期間の制限がなくなり、連携可能数も制限がなくなる。さらに家計資産レポート機能や資産・負債の推移グラフが提示される。Zaim の場合、カテゴリー別の予算アラートが発せられる。また「一生黒字プラン」という、人生全体を見通すシミュレーション機能や、月ごとや年ごとに家計の改善ポイントのアドバイスが提供される。

企業向けサービスの充実

マネーフォワードは個人向けサービスに続き、創業2年目の２０１３年11月に中小企業や個人事業主向けのサービス提供を開始した。クラウド上でサービスを提供するＳａａＳの形態で提供される（第2章の表2－1「パブリッククラウドのサービス提供内容での3種類」〈71ページ〉参照）。最初のサービスはＭＦクラウド会計・確定申告だった。その後ラインナップを増やし、２０１８年に個人向けサービスの名称をマネーフォワードＭＥとしたのと同時に、ＭＦクラウドをマネーフォワードクラウドに名称変更した。そのラインナップは表４－２の通りである。

当初の２０１３年は、個人向けサービスで培ったアカウントアグリゲーションの技術を活かして、金融機関の取引状況を反映する形での決算書や確定申告書の提出を支援するサービスだった。２０１４年から２０１９年にかけて、企業の煩雑な事務である請求書の管理に取り組み、給与やマイナンバー、経費支払い、勤怠などのバックオフィス事務全般に広げていった。２０２０年からは、ターゲットとする企業を中堅企業向けに広げ、マネーフォワードクラウドＥＲＰシリーズとして、２０２０年２月リリースの内部統制機能を追加したクラウド会計Plusを皮切りに、クラウド債務支払（２０２１年１月）、クラウド債権請求（２０２１年６月）、クラウド固定資産（２０２１年６月）、クラウド人事管理（２０２１年７月）といった中堅企業向けのサービスラインナップを充実させている。

サービス名	開始月	説　明
クラウド会計	2013年11月	法人決算用会計ソフト
クラウド確定申告	2013年11月	個人事業主の確定申告ソフト
クラウド請求書	2014年5月	請求書の作成・送付・受取の管理ソフト
クラウド給与	2015年3月	給与計算ソフト
クラウドマイナンバー	2015年8月	法人・個人事業主向けのマイナンバー管理システム
クラウド経費	2016年1月	経費精算システム
Kessai	2017年6月	与信審査、請求書発行・代金回収まで一括して代行する企業間後払い決済サービス
クラウド会社設立	2017年12月	会社設立に必要な書類を無料で作成できるサービス
クラウド勤怠	2019年3月	従業員の勤怠状況管理システム
Early Payment	2019年8月	売掛金を早期資金化できるファクタリングサービス
クラウド会計Plus	2020年2月	中堅企業向け内部統制機能付会計ソフト
クラウド社会保険	2020年3月	社会保険手続きソフト
クラウドStore	2020年3月	様々なSaaS・クラウドサービスの購入
クラウドBox	2020年8月	電子帳簿保存法対応の領収証・請求書等の電子化保管
クラウド開業届	2020年12月	個人事業主の開業手続きに必要な書類を無料で作成
クラウド債務支払	2021年1月	中堅企業向け支払いの請求書管理のシステム
クラウド契約	2021年5月	電子契約で契約管理業務を効率化するサービス
クラウド債権請求	2021年6月	中堅企業向け請求書発行・消込・債権管理のシステム
クラウド固定資産	2021年6月	中堅企業向け固定資産管理・償却計算・税申告のシステム
クラウド人事管理	2021年7月	中堅企業向け従業員管理・組織管理等人事管理システム
クラウド年末調整	2021年7月	ペーパーレスで届け出までできる年末調整

同社HP等により筆者作成

表4-2　マネーフォワードクラウド等のラインナップ

「マネーフォワードKessai」とは

マネーフォワードでは、先行するサービスで蓄積したビッグデータを活かした発展形のサービスも登場している。２０１７年３月に設立した１００％子会社のマネーフォワードケッサイ（設立時企業名ＭＦ ＫＥＳＳＡＩ）によるマネーフォワードKessai（当初サービス名ＭＦ ＫＥＳＳＡＩ）は、販売先の与信管理を含めて請求書発行から代金回収までを代行する企業間後払い決済サービスである。請求書管理を発展させる形で、販売先（主として中小法人）の与信審査、請求書発行送付、入金管理、入金督促を行うサービスである（図４－１）。その特徴は、第一に業務効率化、第二に与信管理軽減、第三に低料率である。

第一の業務効率化は、利用者が取引データを入力するだけで与信審査、請求業務、入金管理が自動で行われる。請求に関する一連の業務をマネーフォワードケッサイが代行するので、請求や入金管理の事務負担とコスト削減が可能となる。

第二の与信管理軽減については、審査通過率が約99％と高い上に、一旦審査通過するとマネーフォワードケッサイに債権が譲渡され、利用者には１００％入金が保証される。

第三の低料率は、サービス手数料が１・５％から３・５％とクレジットカード利用を意識している。

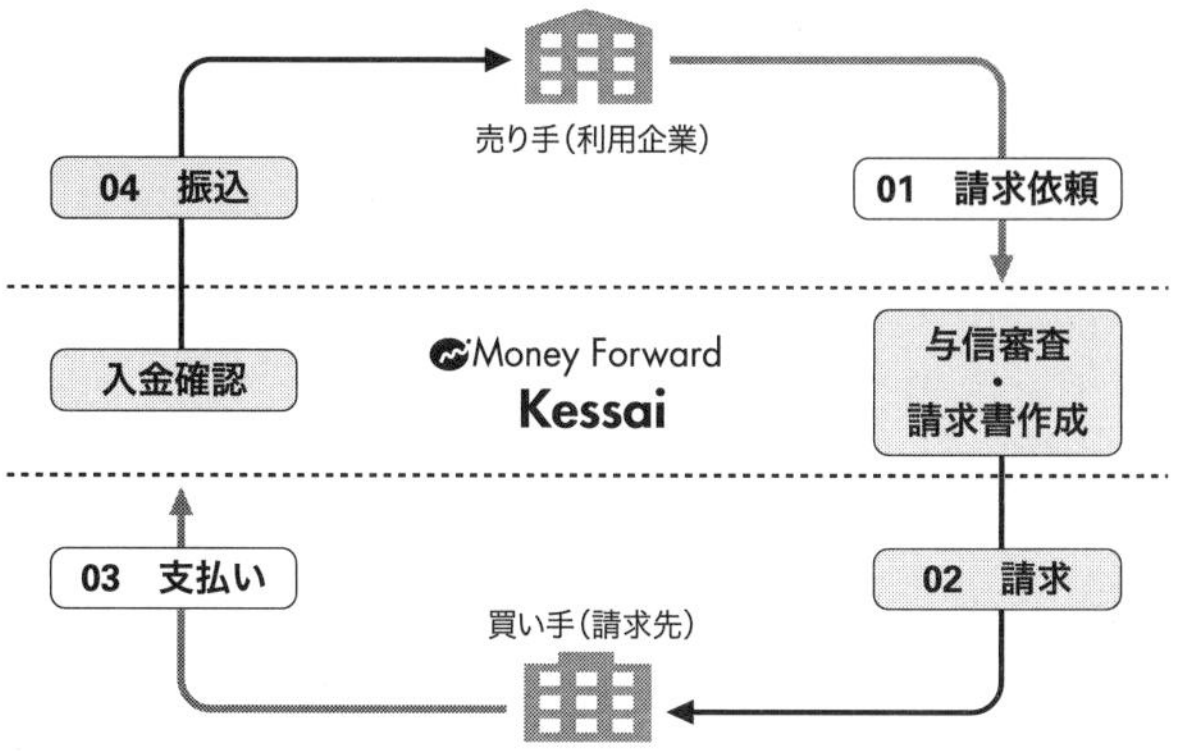

同社HPにより作成

図4-1　企業間後払い決済サービス「マネーフォワードKessai」

このサービスに適した企業例を二つ挙げると、第一は、新規法人先への販売がある業種、第二にスピードが価値となる商品を提供する企業である。

第一の新規法人先への販売であるが、相手先の信用が営業推進と同時に重要である。販売先が個人の場合はクレジットカード決済にすることで解決するが、販売先が法人の場合、クレジットカード利用は少ないため、債権を買い取ることで、実質的にクレジットカードと同様のサービスとなるものである。

第二のスピードが価値となる商品については、前払い条件とすると、与信管理上は安心だが、入金確認後に商品発送となるため、スピード感の低下により競争力が低下するような商品である。具体的には、多様な顧客を開拓する必要があるスピード印刷を得意とする会社や、商品鮮度が要求される生鮮食料品農家や漁業事業者が、都会のレストラン等との取り引きを行う場合が想定される。

「Early Payment」——オンラインファクタリングサービス

このサービスをさらに発展させたのが、２０１９年８月にサービス開始されたオンラインファクタリングサービスのEarly Paymentである。そもそもファクタリングとは債権を買い取り資金化するものである。従来から大口の債権を対面で審査して買い取るサービスはあったが、小額の債権を買い取るにはコストが割高であり、対応スキームが存在しなかった。マネーフォワードケッサイは、オンライン完結でＡＩを用いて審査するスキームを構築した。Early Paymentの特徴は、第一に二者間ファクタリングで債権譲渡登記が不要、第二に低料率で審査が早い点である。

　第一の二社間ファクタリングについては、ファクタリングの三段階について理解する必要がある。第一段階は、ファクタリング事業者と利用者と売掛先の三社間で契約し、売掛先の承諾を得て売掛金をファクタリング事業者に譲渡する形式である。その結果、売掛先の支払

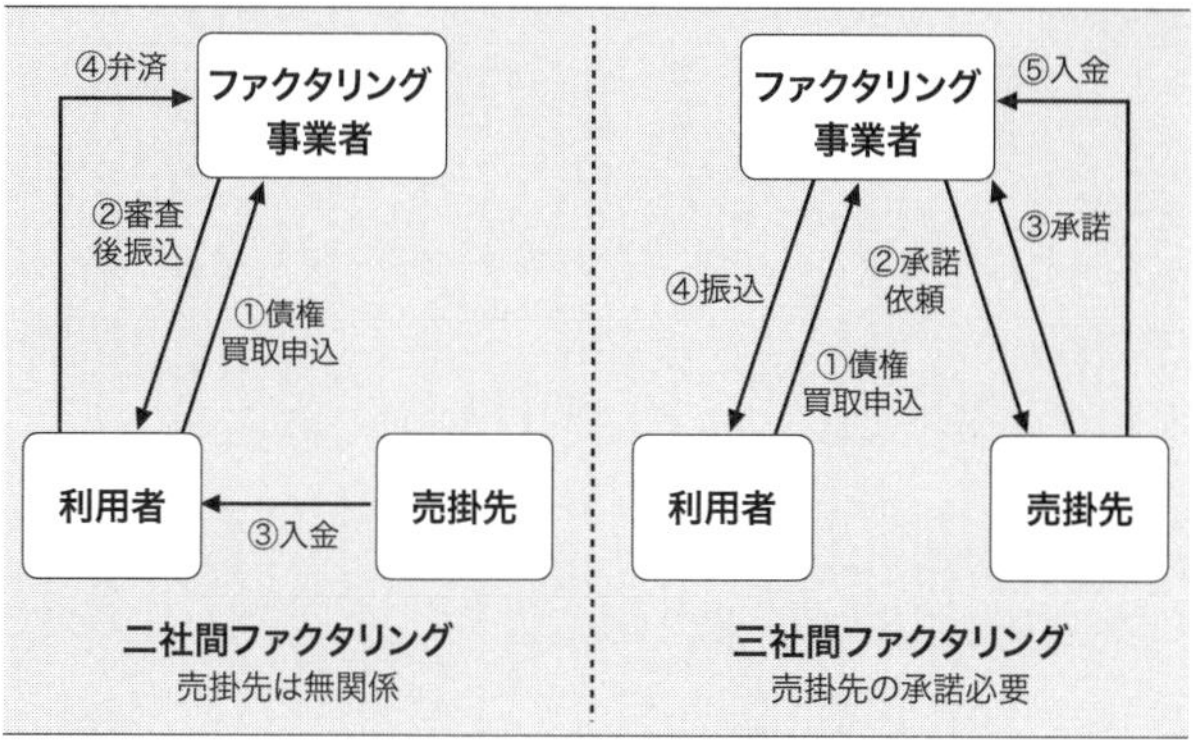

筆者作成

図４-２　二社間ファクタリングと三社間ファクタリング

いは利用者ではなく、ファクタリング事業者に直接入金される形となり、ファクタリング事業者としては確実に回収することができる。第二段階として、売掛先の合意を得なくても債権譲渡したことを登記することで、二重の譲渡に対する対抗要件を具備することができる債権譲渡登記制度で、１９９８年10月に設けられた。これにより、ファクタリング事業者は売掛先の意向に関係なく、債権保全を図ることができるようになった。第三段階として、登記も連絡も行わない形の二社間ファクタリングを適用したのが、マネーフォワードケッサイのEarly Paymentである（図４－２）。

第二の低料率で審査が早い点については、まず料率が債権額面の１％～10％である。これは、従来の二社間ファクタリングが10％以上の料率であったことと比較して低料率である。また入金までの期間も初回が最短5営業日、2回目以降が最短2営業日となっており、融資より迅速な資金調達ができる。なお、対応金額は50万円から数億円までを取り扱う。

4・2　freee――「スモールビジネスを世界の主役に」

企業のミッション

freeeは、２０１２年7月に、現ＣＥＯの佐々木大輔氏が創業し、自宅でソフトの開発を開始した。当初社名はＣＦＯ株式会社であった。佐々木氏はグーグルで、日本およびアジア・パシフィック地域での中小企業向けのマーケティングチームを統括していた経歴の人物である。

企業のミッションは、当初、「スモールビジネスの経営者が創造的な活動にフォーカスできること」であり、その後「スモールビジネスに携わるすべての人が創造的な活動にフォーカスできるよう」へと変更し、２０１８年7月以降は、「スモールビジネスを世界の主役に」

にバージョンアップした。freee の顧客となるスモールビジネスは、個人事業主約４５０万社、従業員20名未満の小企業１５０万社、従業員20名以上１０００人未満の中企業約30万社である。

freee は２０１３年3月に全自動型のクラウド型会計ソフト freee（フリー）をリリースした。当時の freee のプレスリリースによると、「簿記の知識がなくても簡単につかえる個人事業主や中小企業のためのクラウド型の会計ソフトで、銀行やクレジットカードの入出金明細を自動で取り込み、記帳を自動化する新しいタイプの会計ソフト」と記されている。２０１３年7月には社名もサービスブランド名に合わせ freee 株式会社に変更した。

フィンテックが脚光を浴びた２０１５年10月末時点で、会計ソフト freee の利用事業者数は40万社（含む個人事業主）を突破し、２０１５年8月のデジタルインファクト社による「クラウド型会計ソフトの利用動向調査」ではクラウド型会計ソフト事業者シェアで37・５%とトップシェアとなった。

当初は小規模企業と個人事業主を主たる対象としていたが、２０１６年6月からは、「クラウド会計ソフト freee」の権限管理や管理会計の機能を強化したビジネスプランにより、中堅企業向けのクラウドＥＲＰ市場に本格的に参入した。ＥＲＰ（Enterprise Resource

Planning）とは統合基幹システムすなわち社内の管理系のシステムを統合するものである。それまで大企業で導入されていたが、中堅企業向けのサービスは存在しなかった。

freee の提供ソフトのもう一つの柱は、給与計算等の人事労務管理ソフトである。２０１４年10月にクラウド給与計算ソフト freee をリリースし、２０１６年３月時点のＭＭ総研の従業員３００人未満のクラウド給与計算ソフトの利用状況調査では、39・８％とトップシェアとなった。２０１７年８月には入退社の手続きや勤怠管理をレベルアップし、中堅企業の利用も想定した人事労務 freee にリニューアルした。

freee のラインナップは表４－３の通りだが、会計、人事労務関連に加え、会社設立、申告、創業融資、プロジェクト管理、を順次追加している。また、仮想通貨、民泊開業などタイムリーなサービス提供も行っている。

２０１９年６月には、１００％子会社 freee finance lab を設立し、「資金繰り改善ナビ」という総合的なサービスを開始した。資金繰り改善ナビでは、クラウド会計データを元にユーザーの状況に合わせ、オファー型融資、請求書ファイナンス、freee カードという3種類の資金繰り改善策を提供する。

オファー型融資は、ライフカード、三井住友カードと提携し、申込前に資金調達可能額が

サービス名	開始月	説　明
会計freee	2013年3月	全自動会計ソフト
給与計算	2014年10月	給与額・税金・保険料の計算ソフト
会社設立	2015年6月	定款等必要書類作成、設立手続きを無料でサポート
マイナンバー管理	2015年9月	マイナンバー管理システム
ビジネスプラン	2016年6月	中堅企業向けクラウドERP
開業	2016年10月	個人事業の開業届などを無料で作成
申告	2017年1月	年末調整、個人法人の税務申告
交通費精算	2017年4月	ICカードから乗降記録を自動取得
人事労務	2017年8月	給与計算をフルリニューアル、入退社手続き、勤怠管理
freee カード	2017年9月	事業用クレジットカード
仮想通貨	2018年2月	仮想通貨取引に伴う確定申告を無料でサポート
民泊開業	2018年3月	住宅宿泊事業の届出や開業手続き書類作成支援
連結決算キット	2018年11月	中堅企業向けエンタープライズプランのオプション
創業融資	2019年6月	創業時の融資申込に必要な書類を無料で作成
資金繰り改善ナビ	2019年6月	オファー型融資・請求書ファイナンス（オンラインファクタリング）・freeeカードを案内
プロジェクト管理	2020年4月	プロジェクト型ビジネスの予実の見える化
資金調達	2020年6月	オンライン資金調達プラットフォーム
福利厚生	2020年8月	借上社宅の導入管理など福利厚生制度の導入
スマート受発注	2020年12月	発注・請求プロセスを効率化
NINJA SIGN by freee	2021年6月	電子契約システム
アプリストア	2021年7月	アプリの有料課金機能
勤怠管理Plus	2021年11月	50人規模以上の勤怠、残業、有休の管理（OEM）
freee カード Unlimited	2022年1月	銀行口座を同期する法人向け高限度額事業カード

同社HP等により筆者作成

表4-3　freeeのラインナップ

試算されるサービスである。請求書ファイナンスは、オンラインファクタリングサービスのＯＬＴＡと提携し、クラウド会計での請求書等の売掛債権のうち、買取可能性の高いものを「買取オファーリスト」として提示するものである。freee カードは、スモールビジネス向けのクレジットカードで会計データにより、限度額が提示される。２０２０年６月に銀行融資、ビジネスローン、ファクタリング等の資金調達商品を検索比較できる、資金調達が追加された。なお２０２１年５月にオファー型融資のサービスは終了し、資金調達に統合された。

２０２１年６月には、三つの新しいラインナップの追加が発表された。第一は、２０２１年５月にＭ＆Ａで子会社化したサイトビジット社の電子契約システムのサービスを、「NINJA SIGN by freee」と名称変更してラインナップに加えた。第二は、50人規模以上の勤怠、残業、有休を管理するための勤怠管理 Plus の導入を発表した。これは勤怠管理システムトップのヒューマンテクノロジー社の KING OF TIME（キングオブタイム）の機能をＯＥＭにて提供を受けるもので、２０２１年11月に正式リリースした。第三に成長企業向けの限度額最高５０００万円のクレジットカードである「freee カード Unlimited」の申込を開始した。２０２２年１月に「freee カード Unlimited」は正式版リリースとなった。

以上のように、当初のクラウドの会計システムから中堅企業のＥＲＰ、資金繰り改善サービスまでスコープを広げている。

４・３　freee によるマネーフォワード提訴と顛末

提訴の背景

フィンテックスタートアップ企業の２強と言っても良いマネーフォワードと freee だが、この２社のせめぎ合いを象徴するのが、２０１６年10月21日に起きた freee のマネーフォワード提訴である。その顛末を示す。実は、直前の10月13日のカンファレンスでは、両社のトップが並んでクラウド会計についてパネルディスカッションをしているのを筆者も見ていたが、その８日後の突然の提訴であった。

提訴の理由は、マネーフォワードの法人用の決算支援システムであるＭＦクラウド会計(現マネーフォワードクラウド会計)の２０１６年８月のレベルアップが、freee の保有する自動仕訳の特許権を侵害したというものである。freee はこの特許をサービスリリース直後の２０１７年３月に出願していた。この特許侵害を理由に、ＭＦクラウド会計の差し止めを請求した。

　freeeとしては、クラウド会計での自動仕訳関連の技術の開発の成果は正当に保護され尊重されるべきという趣旨を、提訴後にニュースリリースしている。freeeの主張によると、マネーフォワードは、バージョンアップ前はユーザーが自動仕訳のルールを設定する仕組みだったのが、２０１６年８月に提供された「勘定科目提案機能」によって自動的に勘定科目が提案されるようになったという。freeeは、この点を特許に抵触すると考えた。

　ただ、特許に抵触するからといって、訴訟には相当の労力もかかる。それだけで提訴したということではない。提訴の背景には、次の三点があると筆者は考えている。第一に、マネーフォワードの急追の脅威、第二に、提携先である金融機関や会計事務所の影響、第三に、資本調達への影響である。

　第一のマネーフォワードの急追の脅威について述べる。デジタルインファクト社の事業所勤務者向け調査によると、クラウド会計内のシェアはfreeeが４割程度であったが、マネーフォワードが徐々にシェアをアップしてきていた（表４－４）。ここに２０１６年８月のバージョンアップでのさらなるシェア拡大の可能性があった。ＭＭ総研の従業員３００人以下企業向けの別の調査では、２０１６年９月と２０１７年９月で、freeeは36・６％から32・

調査年月	クラウド会計自体のシェア	クラウド会計内のシェア		
		freee	マネーフォワード	弥　生
2014年11月	5.0%	41.3%	9.7%	11.0%
2015年5月	10.0%	37.5%	7.3%	24.3%
2015年11月	11.1%	43.7%	10.5%	28.4%
2016年7月	13.0%	40.9%	13.0%	25.5%

デジタルインファクト社Web調査による

表4-4　2014年から2016年のクラウド会計のシェア

３％にシェアを落とし、逆にマネーフォワードは10・７％から19・２％にシェアを上げている。

次に、第二の提携先である金融機関や会計事務所への影響について述べる。クラウド会計は導入時に企業の経理事務の変更が発生するため、自ら導入するというよりは、金融機関や会計事務所の推奨によって導入するケースが多い。その際、訴訟の被告側で訴えられているということになると、推奨しにくい面がある。freeeは、これによってマネーフォワードの猛追を止めようとしたと考えられる。

第三の資本調達に関しては、ベンチャーキャピタルからの出資や上場準備があるが、これについても、訴訟対象となるとマネーフォワードのＭＦクラウド会計の継続にリスクがあると評価され、新しい資本調達が進めにくくなる。

具体的な争いの論点内容については次の通りである（「日経FinTech Monthly Newsletter」２０１６年12月号等）。freeeでは、

「モロゾフＪＲ大阪三越伊勢丹店」という明細情報を判断する際、接待費か旅費交通費かを判断するため、「品目」「取引先」「ビジネスカテゴリー」「グループ名」「商品サービス名」の順に優先的にキーワードを参照し、「ＪＲ」より「モロゾフ」が優先され勘定科目の自動仕訳の精度が高まるとする。一方、マネーフォワード側は、このようなロジックではなく、蓄積してきた取引データと仕訳データの組み合わせを機械学習させることで生成したアルゴリズムで実現したと主張した。

当初、訴訟の長期化も予測されたが、２０１７年７月27日に第一審が結審し、freeeの主張は棄却され、マネーフォワードの勝訴となった。控訴期限の８月10日までにfreeeは控訴せず、判決は確定した。その直後の２０１７年９月に、マネーフォワードは東証マザーズ（現東証グロース）への上場を果たした。

本訴訟は、新市場が拡大する中で、成功しつつあるスタートアップ企業同士の訴訟であるという点で大変注目された。訴訟の中で、二つの示唆があった。それは、第一に文書提出命令に対するインカメラ手続きの適用、第二にスタートアップ企業での知財戦略の重要性である。

第一の文書提出命令に対するインカメラ手続きとは、原告からの要請に基づいて、裁判所が証拠書類の提出を求める文書提出命令を被告側が拒否した場合、次善の策として原告には開示せず、裁判官にのみ開示する手続きである。本訴訟のように、ソフトウェアの内容での特許侵害を立証するためには、仕様やプログラムを証拠とする必要があるが、それらは機密であり原告への開示は通常拒否される。本訴訟では、その代わりにインカメラ手続きにより、裁判官がマネーフォワードの仕様を確認した結果、文書提出命令は却下された。それでもインカメラ手続きが取られたということが、今後の同様の訴訟での示唆になると考えられる。

第二のスタートアップ企業での知財戦略の重要性は両社の動きに表れている。まず freee 側は、クラウド会計のサービス開始とほぼ同時に特許を出願していたことが、この訴訟の根拠となった。勝訴したマネーフォワードも、それまでは技術の特許申請には消極的であったが、この訴訟以降、積極的に特許を出願する方針に変更した。本件は、イノベーションに際しては技術を争うだけでなく、知財の保護を図っていくということの重要性を示すものであったといえる。両社は訴訟後もメガベンチャー企業として成長していくが、重要なターニングポイントになったといえる。

４・４　両社の今後

株式市場からの高い成長期待

実は両社とも上場はしているが、単年度では収益を上げるには至っていない。マネーフォワードの２０２１年11月期は14・８億円の純損失、freee の２０２１年６月期は、27億円の純損失である。ただ、両社のＰＢＲは、マネーフォワードが６・34倍、freee が４・97倍（２０２２年１月28日現在の時価総額、マネーフォワード２５６７億円、freee ２３２１億円による）となっていて、株式市場からの成長期待が高いことを示している。

両社は、有料課金サービスであるクラウド会計や中堅企業向けサービスにウィングを広げつつ、新たな収益機会を求めて発展していくと予想する。

まず、マネーフォワードは中堅企業向けのサービスの拡大に加え、銀行との提携による与信取引の拡大と、さらなる企業データの蓄積を図ってビジネスのスコープを広げていくと考える。その具体的な事例が、三菱ＵＦＪ銀行、広島銀行、横浜銀行との提携である。

第１章で説明した通り、マネーフォワードと三菱ＵＦＪ銀行との提携は、２０２１年８月にマネーフォワード51％、三菱ＵＦＪ銀行49％出資で設立した合弁会社 Biz Forward 社によるオンラインファクタリングや請求の代行である。

　マネーフォワードと広島銀行との提携は２０２１年5月に発表されたもので、「ひろぎん Bill powered by Money Forward Kessai」という名称でマネーフォワードケッサイのサービスを広島銀行の取引先に提供するものである。

　マネーフォワードと横浜銀行との提携は、「マネーフォワード FinTech プラットフォーム」と呼ばれるフィンテックの共通基盤を、横浜銀行の無料会員制ポータルであるはまぎんビジネスコネクトに接続したものである。特にマネーフォワードが得意とするアカウントアグリゲーション機能により、２５００以上の金融機関との連携が可能になる点をアピールしている。顧客の了解が前提ではあるが、顧客が他行取引をこのプラットフォーム上で見ることができるようになり、横浜銀行としても他行データも含め蓄積することができる。

　freee も中堅企業向けのサービスを拡大しているが、金融機関との提携による与信取引の拡大を図っていくものと考える。その一つの柱が、freee finance lab のサービス群である。従来、freee はリスクを取らない形での提携企業への送客主体であったが、freee カード Unlimited では、freee 自身がリスクを取って収益機会を得ようとしている。

　また、金融機関との提携によるコンサルティング事業への発展を狙う取り組みも行っている。２０１５年に北國銀行と提携したのが先駆けである。北國銀行は、freee 会計を企業に紹介し、会計情報を共有することで、通常は融資判断ができないような創業間もない先への融資を積極的に行っている。

　２０２１年には百十四銀行（香川県）と提携した。具体的には、２０２１年４月に「freee 入出金管理 with 114Bank」という共同のモバイルアプリをリリースした。６月にはＰＣ版もリリースした。これらは百十四銀行のスモールビジネス経営者の顧客向けに、他行を含めた取引銀行口座の残高や入出金の管理ができる無料のサービスである。ＰＣ版では、資金繰りを可視化するサービスも提供している。さらに freee は２０２１年９月には愛媛銀行、２０２２年３月には山陰合同銀行、２０２２年４月には京葉銀行とも業務提携を行っている。

第5章

優勝劣敗——投資支援フィンテック企業たち

第4章では、両社が順調に上場に至った経営業務支援サービス分野でのマネーフォワードとfreeeの事例を採り上げた。それに対し、成功する企業とそうでない企業が明確に分かれるフィンテック（FinTech）のサービス分野が、個人投資支援サービスの分野である。本章では、個人向け投資サービスであるロボアドバイザーサービスと、ソーシャルレンディングサービスについて採り上げる。

5・1　ロボアドバイザーサービス

「金融の民主化」

ロボアドバイザーサービスとは、個人の資産状況やリスク選好に応じて、ＡＩ（人工知能）を含むプログラムを利用してＥＴＦ（上場投資信託：Exchange Traded Fund）や投資信託を組み合わせた投資ポートフォリオを提案するサービスである。

２０１５年頃からフィンテック関連サービスが脚光を浴びる中、デジタル化の効果が大きい分野の代表として期待されたのが、このロボアドバイザーサービスである。

金融資産の運用では、国内外の債券、株式、不動産、金等、様々な投資の選択肢があり、それらに分散して投資することが、リスクを抑えて確実な資産成長に繋がるとされている。

金融の専門用語では、投資する金融商品の組み合わせをポートフォリオと呼んでいる。しかしながら、数ある資産運用商品の中から適切な商品を適切な配分で運用すること、すなわち適切なポートフォリオを作成することは、従来は専門家のアドバイスが必要であった。そのようなアドバイスを受けることができるのは、一定の高額の金融資産保有者に限定されていた。ところがロボアドバイザーサービスによって、適切なポートフォリオのアドバイスを、ＡＩによって一般の消費者も受けることができるようになったのである。フィンテックは「金融の民主化の動き」と呼ばれることもあるが、民主化の典型といえるサービスである。

さて、ロボアドバイザーサービスには様々な資産クラスへの分散投資のポートフォリオを提示だけを行うアドバイス型と、ポートフォリオの提示から資産運用や運用中の配分の補正まで一貫して自動で行う投資一任運用型がある。運用中の配分の補正のことをリバランスといい、これが最も手間がかかるが、効果が大きいと言われている。

表５－１（次ページ）は、株式と債券に５割ずつ投資するポートフォリオを組んだ場合、株式が上昇したケースと、下落したケースでのリバランスの例を示したものである。株式が

株価上昇ケース	当　初	1年後	リバランス	リバランス後
株　式	50万円（50%）	70万円（60.3%）	12万円売却	58万円（50%）
債　券	50万円（50%）	46万円（39.7%）	12万円購入	58万円（50%）
合　計	100万円	116万円		116万円
株価下落ケース	当　初	1年後	リバランス	リバランス後
株　式	50万円（50%）	30万円（35.7%）	12万円購入	42万円（50%）
債　券	50万円（50%）	54万円（64.3%）	12万円売却	42万円（50%）
合　計	100万円	84万円		84万円

筆者作成

表5-1　リバランスの例（株価上昇と下落のケース）

上昇したケースでは債券が下落し、株式が下落した場合は債券が上昇したと仮定しているが、実際は同方向となることもある。

株価が上昇したケースでは、1年後に株式の投資比率が60%を超え、債券の投資比率は40%を下回った。そこで、株式を12万円売却して債券を同額購入することで、株式、債券ともに58万円の投資として、5割ずつの配分に戻す調整を行う。

株価が下落したケースでは、1年後に株式の投資比率が40%を下回り、債券の投資比率は60%を上回った。そこで、債券を12万円売却して株式を同額購入することで、株式、債券ともに42万円の投資として、5割ずつの配分に戻す調整を行う。

このような調整を、投資家が自ら定期的に行うのは実際にはなかなか困難をともなう。その理由は、手間とコストと心理バイアスにある。第一の手間は、ポートフォリオの売却、購入を証券会社等に依頼しなければならないことである。第二のコストは、売買には相応の手数料がかかることである。第三の心理バイアスは、株価が上昇している場合はさらに上昇することを期待し、株価が下落している場合は、回復することを期待する心理のことである。この心理が第一の手間や第二のコストと相まって、実際にリバランスを投資家が行うのは困難となる。しかしながら、ロボアドバイザーサービスであれば、自動的かつ手数料なしでリバランスが行われる。これは、大変大きなメリットである。

イボットソン・アソシエイツ・ジャパンの小松原宰明氏によると、国内株式、外国株式、国内債券、外国債券の４資産に25％ずつ配分したポートフォリオで１９７０年から２００９年まで39年間運用した場合、リバランスなしより、リバランスを定期的に行って当初の25％ずつの配分比率に戻した方が、リスクを下げる効果が顕著に表れている。リターンもリバランスなしよりリバランスがある方が高まっているとの研究結果であり、長期投資の有効な戦略であるといえる。

さて、ロボアドバイザーサービスの効果の説明は以上として、次に、２０１６年に相次いでサービス開始した、投資一任運用型の主要サービスであるお金のデザインの「ＴＨＥＯ」、楽天証券の「楽ラップ」、ウェルスナビの「WealthNavi」を採り上げる。中でも、他を圧倒している「WealthNavi」の成長要因を分析していく。

5・2　ＴＨＥＯ

ＥＴＦ特化型投資一任運用サービス

ＴＨＥＯは、フィンテックスタートアップである株式会社お金のデザインが、２０１６年2月16日に開始したＥＴＦ特化型投資一任運用サービスである。ＥＴＦとはExchange Traded Funds の略で、上場投資信託である。その特徴は金融商品取引所に上場されていることで、相場の動きを見ながら日中に売り買いができるという点にある。なお、上場されていない一般の投資信託は一日の最後に値付けがされ、日中に相場の動きを見ながら売買することはできない。投資信託では売買の際の手数料がかからないノーロード型の商品が増えているが、ＥＴＦは個別の売買の都度、売買手数料がかかる。ただし、ロボアドバイザー経由であれば売買の手数料はロボアドバイザーの手数料に含まれる。

さて、ＴＨＥＯは当初、最低投資金額を10万円としていたが、２０１７年４月に１万円に引き下げ、２０２０年４月に再度１万円から10万円に引き上げた。他社との提携ブランドである「ＴＨＥＯ＋」があるが、これに関しては最低投資金額は１万円のままとなっている。

手数料率は1・1％（年率、税込）だったが、2019年8月からは手数料体系に「THEO Color Palette」という預かり資産に応じて手数料を割り引く体系を導入し、手数料は預かり資産1万円以上で0・99％、50万円以上で0・88％、100万円以上で0・77％、1000万円以上で0・715％（いずれも税込・年率）と業界最低水準になっている。また2019年6月から、自動税金最適化サービスである「THEO Tax Optimizer」を導入した。このサービスは、リバランスや配当で利益が発生した際、別の資産での損失を自動的に発生させて税負担を軽減するサービスで、後述するWealthNaviのサービス（DeTax）に追随するものである。

5・3　楽ラップ

投資信託特化型投資一任運用サービス

楽ラップは、大手オンライン証券会社である楽天証券株式会社が2016年7月に開始した投資信託特化型投資一任運用サービスである。楽ラップのロボアドバイザーは、フィンテック企業のFinatextと共同開発したものである。楽ラップはＥＴＦに投資するＴＨＥＯとは異なり、一般の投資信託に投資する商品である。最低投資金額は当初10万円からだったが、２０２０年３月から１万円となっている。手数料として０・７１５％（資産10百万円未満時）＋ファンド費用（最大０・２７０％）（税込・年率）の固定報酬型と、０・６０５％（資産10百万円未満時）＋成功報酬（運用益の５・５％）＋ファンド費用（最大０・２５５％）（税込・年率）の成功報酬併用型を選択することができる。また、下落ショック軽減機能「ＤＲＣ(Downside Risk Control) 機能」がオプションとして選択できる。

５・４　WealthNavi

首位を独走

WealthNaviは、フィンテックスタートアップであるウェルスナビ株式会社が２０１６年７月に開始したＥＴＦ特化型投資一任運用サービスである。最低投資金額は当初１００万円だったが、２０１７年６月に30万円、２０１８年２月に10万円へと段階的に引き下げられた。

手数料は１・１%（年率・税込）だが、２０１７年12月からは、長期に継続すると最大０・99%（年率・税込）まで手数料を割り引く「長期割」が提供されている。

サービス開始時からの特徴的な機能としてDeTaxがある。DeTaxは税負担を自動で最適化する機能で、税負担が一定額を超えた場合、リターンがマイナスになっている銘柄を売却後、買い戻すことで損失を確定させ、別の銘柄の「利益」を圧縮し、税負担を繰り延べる機能である。２０２１年1月にはＮＩＳＡにも対応し、顧客へのアピールポイントを増やした。なおＮＩＳＡ（ニーサ・Nippon Individual Savings Account）とは、一定の金額や期間の条件の下で株式や投資信託等で発生した利益が非課税になる制度であり、ロボアドバイザーに組み込むのは困難と考えられていたものである。

ここまで説明してきたロボアドバイザーの主要3サービスであるＴＨＥＯ、楽ラップ、WealthNaviの特徴等を纏めたのが表５－２（次ページ）である。

また3サービス提供企業の投資運用金額の推移について、日本投資顧問業協会のラップ統計から抽出したものが、図５－１（１４１ページ）である。ロボアドバイザー以外の運用金額も一部含まれている可能性があるが、お金のデザインとウェルスナビは、ロボアドバイザ

	THEO	楽ラップ	WealthNavi
運営会社	お金のデザイン	楽天証券	ウェルスナビ
開始年月	2016年2月16日	2016年7月4日	2016年7月13日
サービスの特徴	ETF特化型投資一任運用サービス	投資信託特化型投資一任運用サービス	ETF特化型投資一任運用サービス
最低投資金額	10万円	1万円	10万円
手数料年率税込	0.715～1.1% 30百万円超0.5%	固定報酬型：最大年率0.715% 他に成功報酬併用型	1.1% （3000万円超0.5%「長期割」もあり）
投資対象	海外ETF （30種以上）	国内投資信託 （18種）	海外ETF（7種）
質問数	5	16	6
その他トピックス	2021年8月証券口座をSMBC日興証券に移管	運用開始からの収益率は年率4～13.5%（2021.5.31現在）	2020年12月22日東証マザーズに上場、2021年2月NISA対応
投資運用金額	1,208億円 （2021.12.31）	1,141億円 （2021.12.31）	6,345億円 （2021.12.31）

筆者作成

表5-2　主要3サービスの概要

ー専業企業であり、楽天証券もファンドラップの取り扱いは行っていないので、ほぼロボアドバイザーの投資運用金額と同一であると考えられる。

それによると、ウェルスナビが２０１７年３月にお金のデザインを抜き、２０１７年６月に楽天証券を抜き、その後は、大きな差をつけて首位を独走していることがわかる。ウェルスナビは２０２０年12月に東証マザーズ（現東証グロース）に上場するまでの成長を成し遂げた。一方、ＴＨＥＯは２０２１年８月に証券口座をＳＭＢＣ日興証券に移管することで、事務体制をスリム化することとなった。

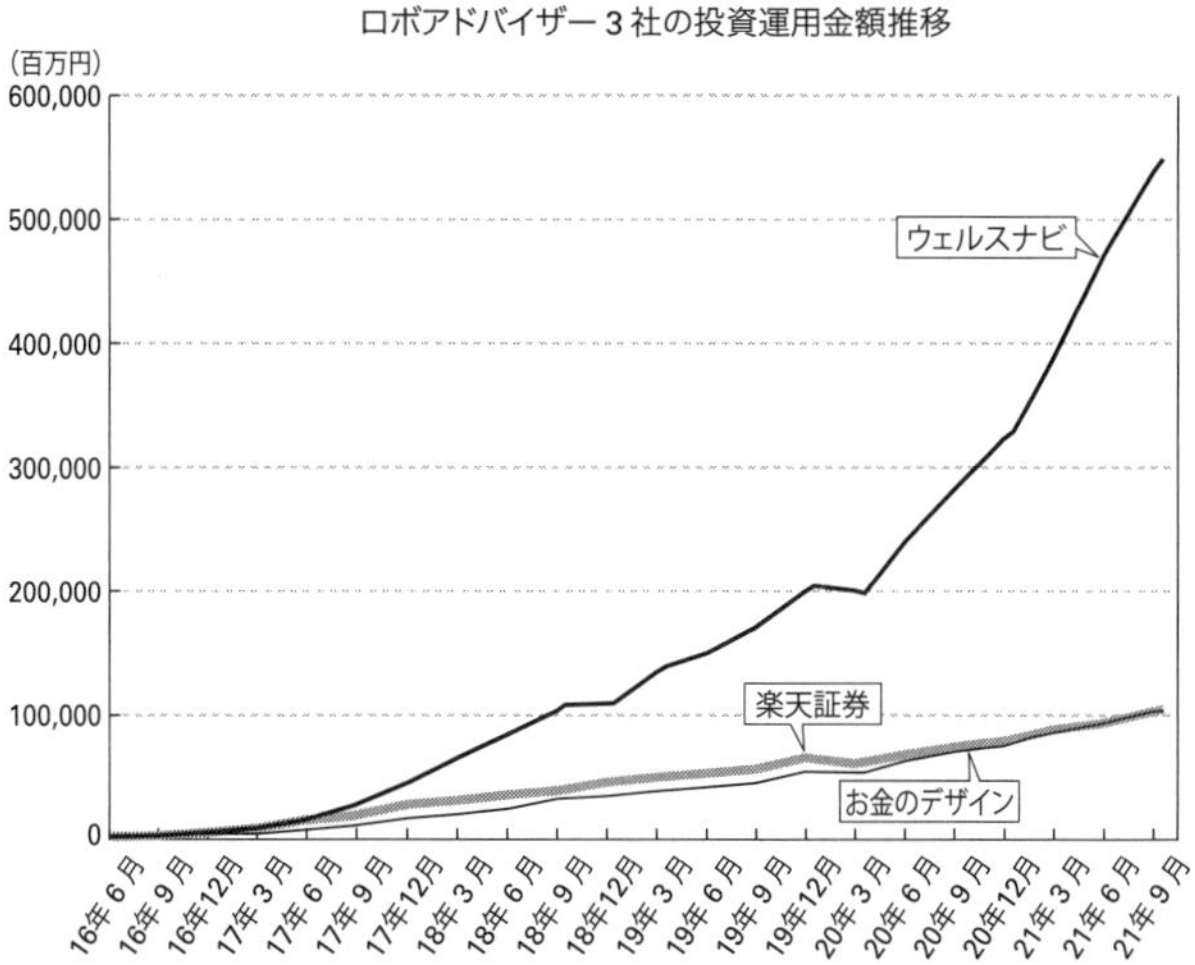

日本投資顧問業協会統計により筆者作成

図５-１　ロボアドバイザー３社の投資運用金額推移

ロボアドバイザー専業企業の提携戦略

２０１７年にウェルスナビが他２社を抜いた事象の背景として、ウェルスナビが２０１６年10月にＳＢＩグループと業務提携し、２０１７年１月にWealthNavi for SBI証券を開始し、２０１７年２月にはWealthNavi for住信ＳＢＩネット銀行の提供を開始したことがある。

楽天証券以外の２社は知名度が低いため、他社との提携策を取ってきた（表５－３〈次ページ〉、表５－４〈１４３ページ〉）。WealthNaviの提携では、ＳＢＩ証券が６００億円（２０２０年８月14日）、住信ＳＢＩネット銀行で

	開始日	提携先
1	2017年1月31日	SBI証券
2	2017年2月28日	住信SBIネット銀行
3	2017年9月19日	ANA
4	2017年12月14日	ソニー銀行
5	2018年3月22日	イオン銀行
6	2018年4月2日	横浜銀行
7	2018年5月16日	JAL
8	2018年11月28日	東急カード
9	2019年1月21日	じぶん銀行（現auじぶん銀行）
10	2019年4月10日	SBIネオモバイル証券
11	2019年8月26日	東京海上日動
12	2019年10月15日	北國銀行（ハイブリッド）
13	2019年11月25日	小田急電鉄
14	2020年4月1日	東京スター銀行
15	2020年9月7日	岡三証券（ハイブリッド）
16	2020年11月9日	三菱UFJ銀行
17	2020年11月11日	浜松いわた信用金庫（ハイブリッド）
18	2021年8月2日	中京銀行（ハイブリッド）
19	2021年10月25日	大光銀行（ハイブリッド）

筆者作成

表5-3　WealthNaviの提携先一覧

	開始日	提携先
1	2017年4月19日	山口銀行（山口フィナンシャルグループ）
2	同	もみじ銀行（山口フィナンシャルグループ）
3	同	北九州銀行（山口フィナンシャルグループ）
4	2017年5月31日	武蔵野銀行
5	2017年7月26日	SBI証券（2019年4月提携解消）
6	2017年7月26日	住信SBIネット銀行（2019年4月提携解消）
7	2017年7月31日	福岡銀行
8	2017年9月25日	熊本銀行
9	2017年9月25日	親和銀行（十八親和銀行）
10	2017年10月6日	大垣共立銀行
11	2017年11月1日	新生銀行
12	2017年11月1日	JAL
13	2017年12月1日	北越銀行（2020年6月提携解消）
14	2017年12月13日	朝日信用金庫
15	2018年2月19日	沖縄銀行
16	2018年3月26日	筑波銀行
17	2018年5月16日	NTTドコモ（ポイント投資）
18	2018年6月22日	伊予銀行（2021年3月提携解消）
19	2018年8月31日	愛媛銀行（2020年6月提携解消）
20	2018年10月2日	富山第一銀行
21	2018年11月26日	青山財産ネットワークス
22	2019年4月15日	広島銀行
23	2019年4月19日	SBJ銀行
24	2019年10月7日	山梨中央銀行
25	2019年12月9日	南都銀行
26	2019年12月17日	十六銀行
27	2020年1月22日	東海東京証券（2021年7月新規申込停止）
28	2021年1月7日	佐賀銀行

筆者作成

表5-4　THEOの提携先一覧

項　目	WealthNavi（2021.6.30現在）	THEO（2022.1.31現在）
運用者数	28万人	11.7万人
一人当たり平均運用額	169万円	104.6万円
利用開始時の投資経験	あり70%	あり39%
	なし30%	ほとんどなし61%
	（全利用者）	（過去１年の利用者）
自動積立率	69%	76%
積立金額平均	4.4万円	2万円
利用年代20代	10%	6%
30代	28%	24%
40代	31%	37%
50代	20%	24%
60代以上	11%	9%

両社HPを元に筆者作成

表５-５　WealthNaviとTHEOの各種データ

３００億円（２０２０年９月３日）の運用資産残高の実績が公表されている。２０２１年８月に公表された資料によると、２０１７年から２０１９年６月頃までは提携パートナー経由の取引が過半を占めていたが、その後ダイレクト取引が逆転し、２０２１年６月末時点では、ダイレクトが約56％、提携パートナー経由が約44％となっている。最近では対人相談機能付きのハイブリッド型での提携を、北國銀行、岡三証券、浜松いわた信用金庫、中京銀行、大光銀行と結んでいる。

一方、ＴＨＥＯの方も提携先数では負けていないが、一度提携したものの、提携解消や新規申込停止となる先がある。特に２０１９年４月にＳＢＩグループとの提携が解消された点は、

WealthNaviとの差を更に広げる要因になったと考えられる。また２０１９年10月以降の提携先銀行である山梨中央銀行、南都銀行、十六銀行、佐賀銀行は、すべてふくおかフィナンシャルグループの口座管理アプリWallet＋の提携によって付随して提携したものであり、独力での開拓ではない。WealthNaviとＴＨＥＯは、毎年、開業月頃にサービス内容を公開している（表５－５）。WealthNaviが投資経験者層も取り込み、運用者数の差以上に、一人当たりの平均運用金額で差をつけていることが読み取れる。

WealthNaviの成長要因

ウェルスナビ株式会社の広報部に２０２１年７月19日に電話にてWealthNaviの成長要因をヒアリングした。その際、提携、開発力、顧客の長期投資サポートの三点であるとの回答を得た。

第一の提携については、ＳＢＩグループだけでなく、17社との提携が成長に寄与しているとのことである。独自の広告宣伝費が不要なため、パートナーへのレベニューシェアを支払っても、収益的にも見合うものであるとのことである。

第二の開発力については、１００名弱の社員のうち、約半分の48％がエンジニアやデザイナーである。システムを内製化することで開発スピードを高め、２週間に１回の頻度でリリースをしている。この点が金融系サービスとして他にない強みと考えているとのことである。

第三の顧客の長期投資サポートについては、コロナ禍で対面でのセミナーはできなくなったが、その代わりオンラインセミナーを実施し、コロナ禍の１年半で延べ約15万人が参加し、２０２０年３月の相場急落時には、柴山和久代表からのビデオメッセージを配信する等、顧客の長期投資をサポートしているとする。

以上の結果として、利用者数と一人当たり平均運用額の増加と、費用構造の改善の二点に注目してほしいとのことであった。

第一の利用者数と平均運用額は、２０１９年７月が15万人、１２２万円から２０２０年６月には21万人、１４０万円、２０２１年６月には28万人、１６９万円と着実に増加している。

第二の費用構造の改善は、２０２０年12月期に先行投資である広告費を除いた営業利益が初めて通期で１億５７００万円プラスになった。さらに２０２１年12月期の上半期では３か月で５億２２００万円のプラスとなっている。

また WealthNavi と提携している金融機関の一つである、浜松いわた信用金庫の資産管理課に２０２１年７月26日に電話ヒアリングを行った。浜松いわた信用金庫では、対人相談機能付きのハイブリッド型のロボアドバイザーを「夢追いNavi」という名称で提供している。その結果、利用者層は60代以上が多く、投資未経験者は少ないとのことであった。

WealthNaviがロボアドバイザー市場で大きく成長している要因は、認知度、サービス開発力、他企業との提携戦略、金融リテラシー向上のための取り組み、そして成長戦略の適切さの五点であると考える。

第一の認知度については、２０２１年に静岡大学で実施したアンケートで示唆され、２０２０年12月の東証マザーズ（現東証グロース）への上場によってさらに高まっているものと思われる。

第二のサービス開発力については、ヒアリングの結果から示唆される。静岡大学で実施したアンケートでも、利用のしやすさやデザインへの評価が好評だった。筆者の研究室の学生が口座開設を行ったところ、WealthNaviの画面遷移が8回であるのに対し、ＴＨＥＯは15回と、作業ステップが多かった。このあたりにも、ＵＩ（ユーザーインターフェイス）への配慮が窺えた。

第三の他企業との提携戦略については、WealthNaviの２０１７年以降の投資運用金額の拡大は、オンライン証券大手のＳＢＩ証券との提携が機能した点で成功している。また対人相談機能付きのハイブリッド型での提携は、ターゲット対象の年代や属性を広げる面と、手数料も通常の１・５倍とのことで収益的にも貢献する戦略と考えられる。

第四の金融リテラシー向上のための取り組みについては、利用者の長期投資継続へのサポートとして、コラムやオンラインセミナーにて疑問や不安を解消し、長期投資や積立のメリットを伝えることで、利用者の金融リテラシーが向上していることが、運用金額の増加に寄与していると考えられる。

第五の成長戦略の適切さについては、適切なキャンペーンや提携を行い、着実に運用金額の増大と認知度を高めてきた。創業者の柴山代表が一貫した経営を行っていることも大きく寄与していると考える。お金のデザインの経営者が入れ替わっているのと好対照である。

５・５　ソーシャルレンディング

融資型クラウドファンディング

ここからは、ソーシャルレンディングについて述べていく。ソーシャルレンディングは融資型クラウドファンディングとも呼ばれ、借入企業と投資家をマッチングするサイトを運営する企業がプラットフォームを提供するものである。日本においては、２００８年にmaneo、２００９年にＡＱＵＳＨ、２０１１年にＳＢＩソーシャルレンディングがサービスを開始した。

２０１５年以降、借入企業の匿名化、複数化が原則とされている。しかしながら、匿名化を悪用した形で、２０１７年以降、複数の事業者が行政処分を受ける事態となった。２０１９年から投資家保護のため、借入企業を開示するような制度改定が成されたが、最大手のmaneoでの延滞が多数発生し、ＳＢＩソーシャルレンディングでも多額の損失が発生するなど業界の状況は不安定なままである。ここでは、ソーシャルレンディングの課題について、企業へのヒアリングを元に考察する。

英米のソーシャルレンディングでは、ソーシャルレンディング事業者が、多数の借り手と個人投資家をネット上でマッチングするビジネスモデルが主流である。

それに対して日本のソーシャルレンディングは、個人投資家こそネット上で募集する形態だが、借り手についてはソーシャルレンディング事業者が直接アクセスできる範囲で選択されているのが特徴といえる。個人投資家の募集コストはネット特性を活かして抑えられてい

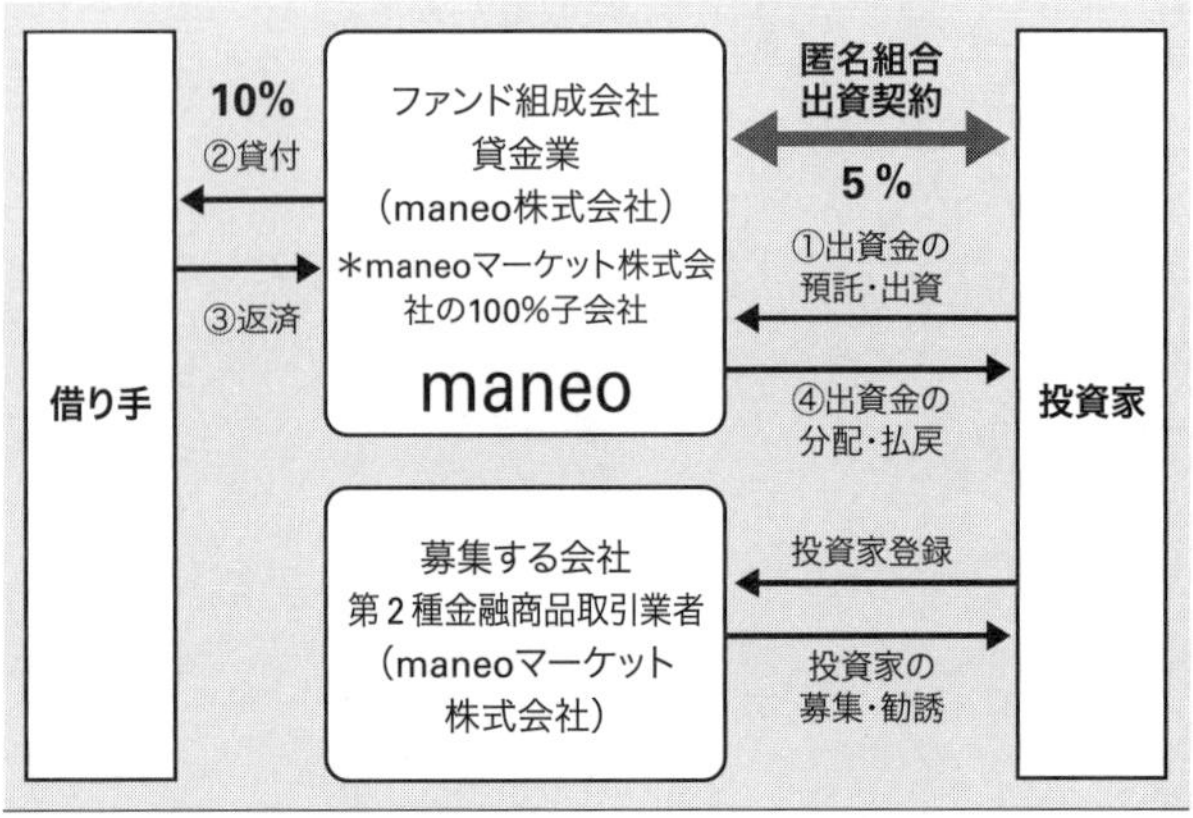

筆者作成

図5-2　典型的な日本のソーシャルレンディング事業モデル（maneo）

るが、借り手の探索や審査には相応のコストがかかる形態といえよう。

日本でソーシャルレンディング事業を行う場合、投資家の募集を行う第2種金融商品取引業者と、借り手への貸出を行う貸金業者の両方が必要である。また、投資家が直接借り手に資金供給する形態は貸金業法上認められないので、匿名組合出資契約を結ぶ形になる（図5－2）。

2015年以降、日本においては、匿名化、複数化の原則が金融当局からの指導で行われていた。匿名化の理由は、貸金業法の借り手保護である。一方、ファンドのリスクを分散するため、借り手を複数にすることが要請された。

なお、岡山商科大学の坂下晃教授らの論文では、2013年時点のmaneoでは、ホームページ上に借り手の実社名、資金使途、完済実績の有無等が記載されているとのことであった。2020年時点では2015年以降の匿名化された借り入れしか参照できないが、2015年頃にmaneoの借入人の開示方針が変化したものと考えられる。

匿名化、複数化のうち、複数化については2件の借り手を組み合わせるものの、1件は5万円程度と非常に少額で、なおかつソーシャルレンディング事業者の関係会社とする形が取られており、実質的には有名無実化していた。一方、匿名化については長らく行われていた。

しかしながら、2017年以降、借り手の匿名化に一因がある事業者の行政処分が複数回行われる。

2017年3月、「みんなのクレジット」社が代表者の借入金返済に流用されていること等の理由で、関東財務局から業務停止命令を受けた。

2018年3月には、大手の一角「ラッキーバンクインベストメント」が、社長の親族が経営する不動産事業への融資を適切な審査を行わずに行ったことなどで、関東財務局から業務改善命令を受けた。

2018年7月には、グリーンインフラレンディングでファンド資金の対象外事業への支出が多数認められた等で、募集していた最大手の maneo マーケットが業務改善命令を受けた。

その後、匿名化が問題の一つであるとの議論が高まり、２０１９年3月に金融庁からノーアクションレター（法令適用事前確認手続）への回答がされたのを機に、多くの企業で開示が始まった。

5・6　maneo

行政処分、そして新規募集停止

ここでは、長らく日本のソーシャルレンディングのトップ企業であった maneo について、分析する。maneo は、２００８年のサービス開始当初は個人向けのＰ２Ｐレンディングを指向したが、貸し倒れの比率が20％と高くなるなど成功しなかった。２０１２年４月に不動産投資の事業再生を専門とするＵＢＩが maneo を買収し、中小企業向け融資のビジネスモデルに変更した。特にＵＢＩの子会社であるＵＢＩファイナンス（２０１８年４月からリクレ社）宛を経由した融資が多くなった。

また２０１６年頃からは、自社案件のみならず、他のソーシャルレンディング企業のファンドの募集を行うプラットフォーム事業を行うようになった。グリーンインフラレンディング等９社のファンドを maneo のサイトで申し込むことができるサービスで、掲載の手数料が maneo の収益となる。

しかしながら、このプラットフォーム事業の提携企業の一つであるグリーンインフラレンディングの不適切な融資により、２０１８年７月に maneo マーケットが行政処分を受けることで、ブランドを毀損することになった。２０１９年７月以降、新規ファンドの組成はないが、そこまでに成立した貸出累計は１６４４億円となっている。

maneo は、ＵＢＩの買収後は２０１７年３月と２０１８年２月にファンドの延滞が発生したが、ファンド金額は、４５００万円、２５００万円と小規模であり、全般には堅実なファンド運営をしているものと見られていた。

しかし行政処分後の２０１８年９月、10月に同じくプラットフォーム事業での提携企業である米国不動産案件を組成するガイアファンディング社のファンドで、２億円の延滞が発生したのを皮切りに、２０２０年２月までに、延べ40案件、１２３億円の延滞が発生するに至った。２０１９年３月29日にmaneoマーケットは経営改善委員会から「経営改善に向けた提言書」を受領し、瀧本代表取締役が退任するなど、経営体制が見直された。２０１９年７月以降新規募集停止となった。

maneoのＨＰから延滞債権の記録を分析した結果、延滞の理由として次の三つがあると考えられる。

第一に、不動産賃貸物件のローンを個人向けに提供していたスルガ銀行等の積極的な金融機関が不正融資事件で融資姿勢を引き締めたため、maneoの案件の大部分を占める不動産開発案件の販売先が見つかりにくくなったことがある。案件が不動産案件に偏っていることが、そもそもの原因といえる。

第二に、行政処分によって当局からガバナンスの強化が求められ、今までのようなロールオーバーが容易にできなくなったことがある。

第三に、２０１７年から２０１８年にかけて大量にファンドを組成した中で、審査が不十分な案件が含まれていたことがある。例えば２０１８年10月末に延滞を明らかにした川崎市の不動産案件は、担保価値を16億円として12億円の融資を行っているが、実際の担保価値は数億円程度とみられる。

５・７　ＳＢＩソーシャルレンディング

トップ企業から廃業へ

次は、もう一つのソーシャルレンディングトップ企業で、２０２１年に廃業に追い込まれたＳＢＩソーシャルレンディングの事例である。ＳＢＩグループの一員として、２００８年の１月に設立された。当初は米国のプロスパー社との合弁によって米国型のＰ２Ｐレンディングを目指したが、匿名化複数化という当局の指導のため、合弁を断念し、２０１１年にようやくサービスを開始した。徐々に案件組成額を増やし、２０１８年に黒字転換し、２０２０年３月には、累積赤字を解消した。２０２０年12月時点で、融資残高４４６億円、累計１６４０億円となった。最終的に融資累計は１６９３億円となり、maneo の実績を超えることになる。

さて、ＳＢＩソーシャルレンディングは第２種金融商品取引業と貸金業を両方担う事業モデルであった（図５－３、次ページ）。利ざやについても平均１・５％と、maneo と比較して、堅実な事業モデルに思われた。案件は不動産開発案件が中心だが、融資案件の幅を広げるた

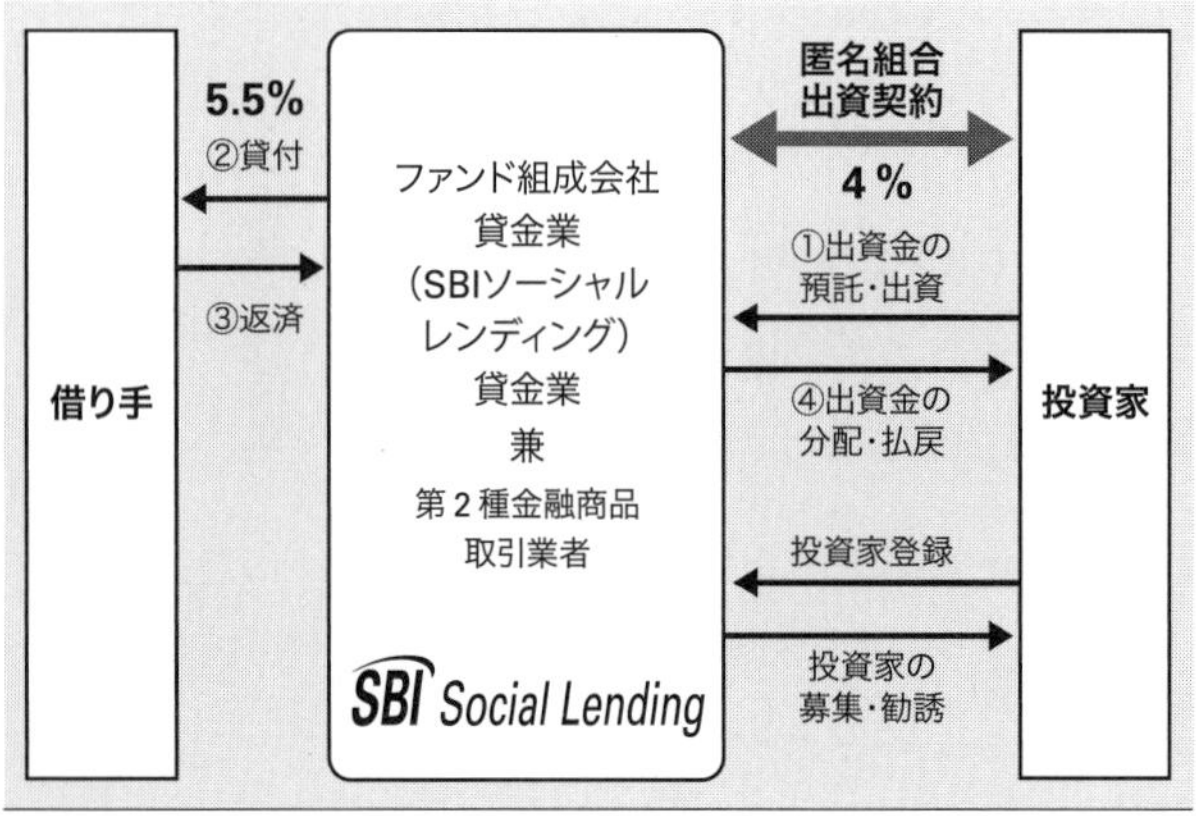

筆者作成

図５-３　SBIソーシャルレンディングの事業モデル

めに太陽光発電施設やバイオマス発電施設案件、カンボジアの自動車ローンを行う貸金業者への融資等の案件も行っていた。

しかしながら、この好業績は不十分な与信審査を背景にした無理なものであることが判明する。２０２１年２月５日に、貸付先に重大な懸案があるとして、第三者委員会を設置するとの発表が成された。その時点では明らかではなかったが、玄海インベストマネジメントアドバイザーという企業との協働案件で、テクノシステムという企業宛融資の資金使途虚偽の案件だった。２月９日に社長は交代し、４月28日に第三者委員会の調査報告が公表された。調査報告のポイントは、資金使途の虚偽表示（虚偽金額１２９億円）、審査モニタリ

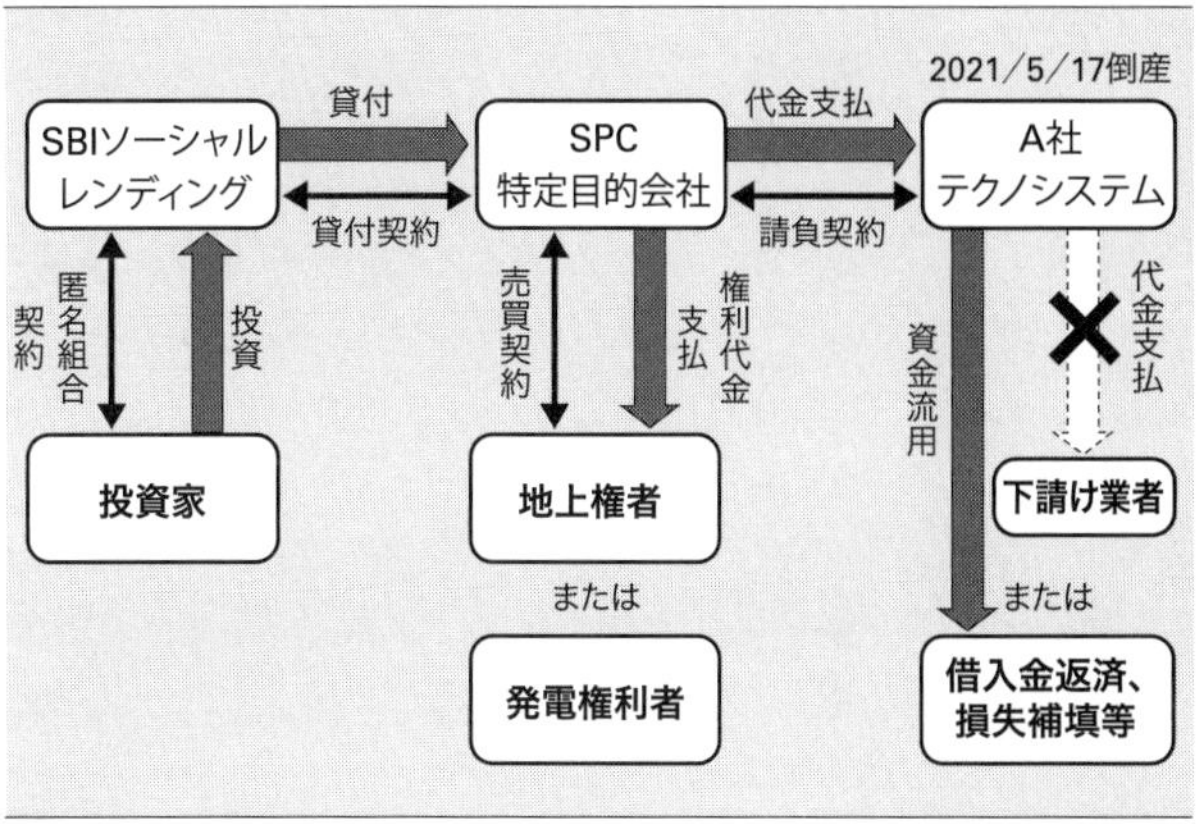

筆者作成

図5-4　SBIソーシャルレンディング　不正事案の構図

ングに関する表示の実施不十分、匿名組合契約の営業者としての善管注意義務違反である。善管注意義務に関しては、リスクを看過した貸付審査、モニタリング未実施、顕在化していた疑問点・懸念点の看過である。

その結果145億円の損失が明らかになり、親会社のＳＢＩホールディングスが顧客には補填する方針で、ＳＢＩソーシャルレンディング自体は、5月24日に自主的な廃業を発表した。その3日後の5月27日には、融資先のテクノシステムの社長が逮捕された。6月8日には、ＳＢＩソーシャルレンディングに対して関東財務局から業務停止命令が下された。

不正事案の構図は、ＳＢＩソーシャルレンディングからの貸付がＳＰＣ特定目的会社に行われ、そこから、地上権者、発電権利者の支払いまでは行われたが、工事代金の支払い資金がテクノシステムから下請け業者に支払われず、借入金返済や損失補填等に流用されたということである（図5－4、前ページ）。なお、テクノシステム社長の逮捕は阿波銀行、富士宮信金からの融資金詐取によるものであり、ＳＢＩソーシャルレンディングの事案ではなかった。

5・8　ソーシャルレンディングの問題点とリスク

挫折の原因

maneo、ＳＢＩソーシャルレンディングのトップ企業2社が相次いで挫折に追い込まれた原因は何か。最大の原因は、借り手優位のビジネスモデルにあったと考える（図5－5）。日本のソーシャルレンディングは、借り手が少なく、探索や審査にコストがかかる構造となっている。ゆえに、借り手や紹介者よりの運営になりがちである。低金利の中、実際は高リスクであるにもかかわらず、低リスク商品と認識され、投資家の資金がすぐに集まるという

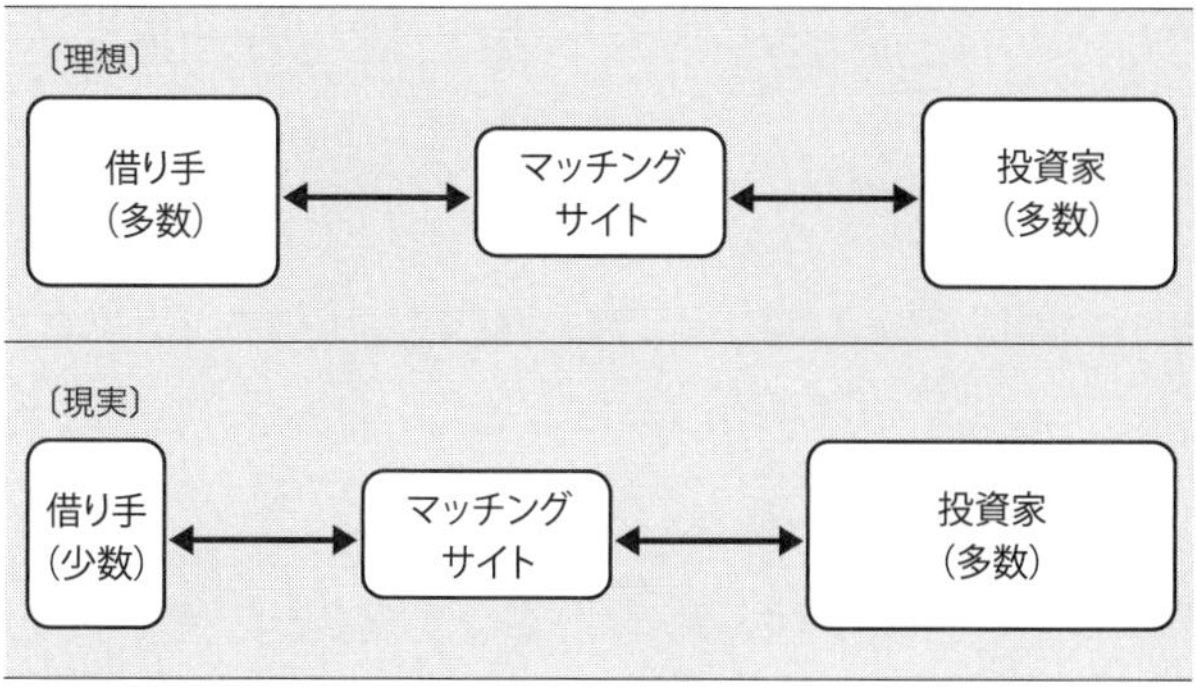

筆者作成

図5-5　ソーシャルレンディングの理想と現実

点も背景にある。

日本のソーシャルレンディングのリスクを改めてまとめると、次の3点と考える。

第一に、借り手の信用リスクである。借り手が返済できない場合、そのリスクは投資家が負うことになる。特に借り手が匿名化されている場合、そのリスクはより大きくなると考えられる。また、案件のみからの回収が条件となるノンリコースローンか、案件からの回収ができない場合でも借り手から回収できる条件のリコースローンかによってもリスク度合いは変わり、前者のノンリコースローンの方が信用リスクは高い。また景気動向にも左右され、景気悪化時のリスクは高くなる。

第二に、ソーシャルレンディング事業者のガバナンスのリスクである。ソーシャルレンディング事業者にとっては、投資家よりも、探索コストの高い借り手の意向を無視できない特性がある。そのような中で、適切な情報開示や審査が行われるかどうかに関してのリスクがある。

第三に、ソーシャルレンディング事業者の倒産リスクである。ソーシャルレンディング事業者が行政処分を受けたり、融資返済の遅延やデフォルトが多数発生したりすると、事業者の倒産の可能性が高くなる。

以上のリスクを考えると、ソーシャルレンディング事業は、成功しにくい事業と考えられる。投資家の側も、十分な注意が必要になると考える。

5・9　Funds——新しいソーシャルレンディングの挑戦

二つの改善点

このような相次ぐ業界トップ企業の事業停止や撤退の中で、新たに進出してきた企業がある。それは、ファンズである。ファンズは、２０１６年11月に現代表取締役の藤田雄一郎氏がクラウドポートという企業名で創業した。

当初は、クラウドファンディングやソーシャルレンディング専門の情報サイトCROWDPORT NEWSを運営していた。その後、２０１９年１月に独自のソーシャルレンディングであるFundsのサービスを開始し、ファンドの組成対象を上場企業中心とする運営を行ってきた。Funds事業が軌道に乗った段階で、情報サイトからファンド運営に専念するため、２０２０年１月、社名をファンズ株式会社に変更し、情報サイトは２０２０年４月にRelicに譲渡した。サービス開始から約３年経過した２０２２年１月末現在で、累計の案件数は１６１件、累計募集金額は１６４億円、累計応募金額は１５４億円である。

Fundsでは、従来のソーシャルレンディング業界を改善する試みが二つ行われている。第一に、借り手の信用力を重視する方針、第二に、借り手と投資家をつなぐマーケティング機能の充実である。これらは、これまで情報サイトを運営してきた企業としての強みを活かしたものといえる。

第一の借り手の信用力を重視する方針は、借り手を主に上場企業関連企業とし、合わせて資金使途などの情報開示をわかりやすく行う。さらに、案件からの回収ができない場合でも借り手から回収できる条件のリコースローンがほとんどである。これらは投資家に安心感を与えるものである。

ファンド名	始期	終期	金額（億円）	年率（税引前%）	相手先
大阪王将ファンド	2019/11/25	2020/10/31	0.5	2.0	イートアンド社（東証プライム）
アゴーラ福岡山の上ホテルファンド	2021/7/21	2022/6/30	0.5	1.0	福岡銀行
Money Canvas ファンド＃１～3	2022/2/21	2023/1/31	3	1.0	三菱UFJ銀行

筆者作成

表５-６　Fundsの特徴的なファンド

第二の借り手と投資家をつなぐマーケティング機能の充実に関しては、投資家への優待券のサービスがある。例えば、餃子の大阪王将の運営企業であるイートアンド社（現イートアンドホールディングス、東証１部〈現東証プライム〉上場）宛のファンドに関しては、３万円以上の投資で大阪王将の10%割引券がもれなく付くこととした。また投資家限定での新メニュー試食会兼意見交換会への参加の特典を付けた。イートアンド社側から見ても、ファン層からの投資により、よりコアなファンを増やすとともに、新たなファンの開拓を図ることができる。またホテルの開業資金の調達案件の場合、関連するホテルの優待券をセットにしている。

２０２１年11月には、商店街の再興のための５年間10億円超のファンド等、新しい分野にも挑戦している。２０２１年12月には、第１章で説明した三菱ＵＦＪ銀行のMoney Canvasの商品サービスにも参加した。２０２２年１月には三菱ＵＦＪ銀行が借り手となるMoney Canvasファンドを組成し、大変な人気となった（表5－6）。今後の動向が注目されるソーシャルレンディングサービスである。

第6章

デジタルバンク、ネット銀行との戦い

６・１　「日本初のデジタルバンク」――みんなの銀行の事業戦略

三段階でのビジネス展開

２０２１年5月28日、「日本初のデジタルバンク」を標榜して、ふくおかフィナンシャルグループのみんなの銀行が開業した。インターネット専業銀行であれば、それまでも7銀行がある（表６－１）。では、何が「日本初」なのか。

リアルの窓口を持たないという点は共通だが、デジタル（スマホベース）ですべてを完結するように、業務、商品、システムをゼロから作った点が他のインターネット専業銀行と異なるとする（「日経 FinTech Monthly Newsletter」２０２１年5月号の永吉健一副頭取取材による）。地方銀行の経営戦略として、デジタル銀行を育成し、将来的に経営をシフトしていく可能性もあると考える。公表されたみんなの銀行の事業ドメインで見ると、三段階でのビジネス展開を図ろうとしている（図６－１、１６９ページ）。

第一段階はＢ２Ｃ事業、第二段階はＢ２Ｂ２Ｘ事業、第三段階はバンキングシステム提供事業である。第二段階と第三段階はＢａａＳ事業としている。ＢａａＳは銀行の機能を他社

開業日	銀行名	系 列	備 考
2000年10月12日	PayPay銀行	Zフィナンシャル、三井住友銀行	旧ジャパンネット銀行（2021年4月5日商号変更）
2001年6月11日	ソニー銀行	ソニーフィナンシャルHD	
2001年7月23日	楽天銀行	楽天カード	口座数1138万口座、預金残6兆4993億円（2021年9月末） 7兆5126億円（2021年12月末）
2007年9月24日	住信SBIネット銀行	三井住友信託銀行、SBIホールディングス	口座数493万口座、預金残6兆6284億円（2021年9月末）
2008年6月26日	auじぶん銀行	auフィナンシャルHD	MUFGも出資
2011年4月15日	大和ネクスト銀行	大和証券グループ本社	証券連携と外貨預金が中心
2018年7月17日	GMOあおぞらネット銀行	あおぞら銀行	前身は日債銀信託銀行、あおぞら信託銀行
2021年5月28日	みんなの銀行	ふくおかFG	新設
2022年1月17日	UI銀行	東京きらぼしFG	新設
2022年度	LINE Bank	LINE、みずほFG	新設
2025年？	未定	池田泉州HD	2020年5月及び11月の経営戦略IRで言及

筆者作成

表6-1　日本のインターネット専業銀行

事業概要

① B2C 事業	●次世代バンキングシステムを活用して、全国のデジタルネイティブ世代（個人）をターゲットに、スマホを通じた金融サービスを提供
② B2B2X 事業	●みんなの銀行の金融機能・サービスを、APIを介してパートナー企業（法人）に提供 （金融×非金融の新たな価値共創）
③ バンキング システム 提供事業	●システム開発／運用業務の内製化を進め、システム・機能自体を提供（販売） （非金融事業者に限らず金融機関も対象）

ブランドで提供することで、本章の後半と第8章でその動向を詳述する。

第一段階のＢ２Ｃ事業とは、開発したバンキングシステムを活用して、デジタルネイティブ世代をターゲットとしてスマホを通じて金融サービスを提供するものである。２０２１年５月の開業でスタートした。

第二段階のＢ２Ｂ２Ｘ事業とは、みんなの銀行の金融機能やサービスを、非金融のパートナー企業のサービスの中に組み込む形で提供するものである。ＡＰＩでの接続

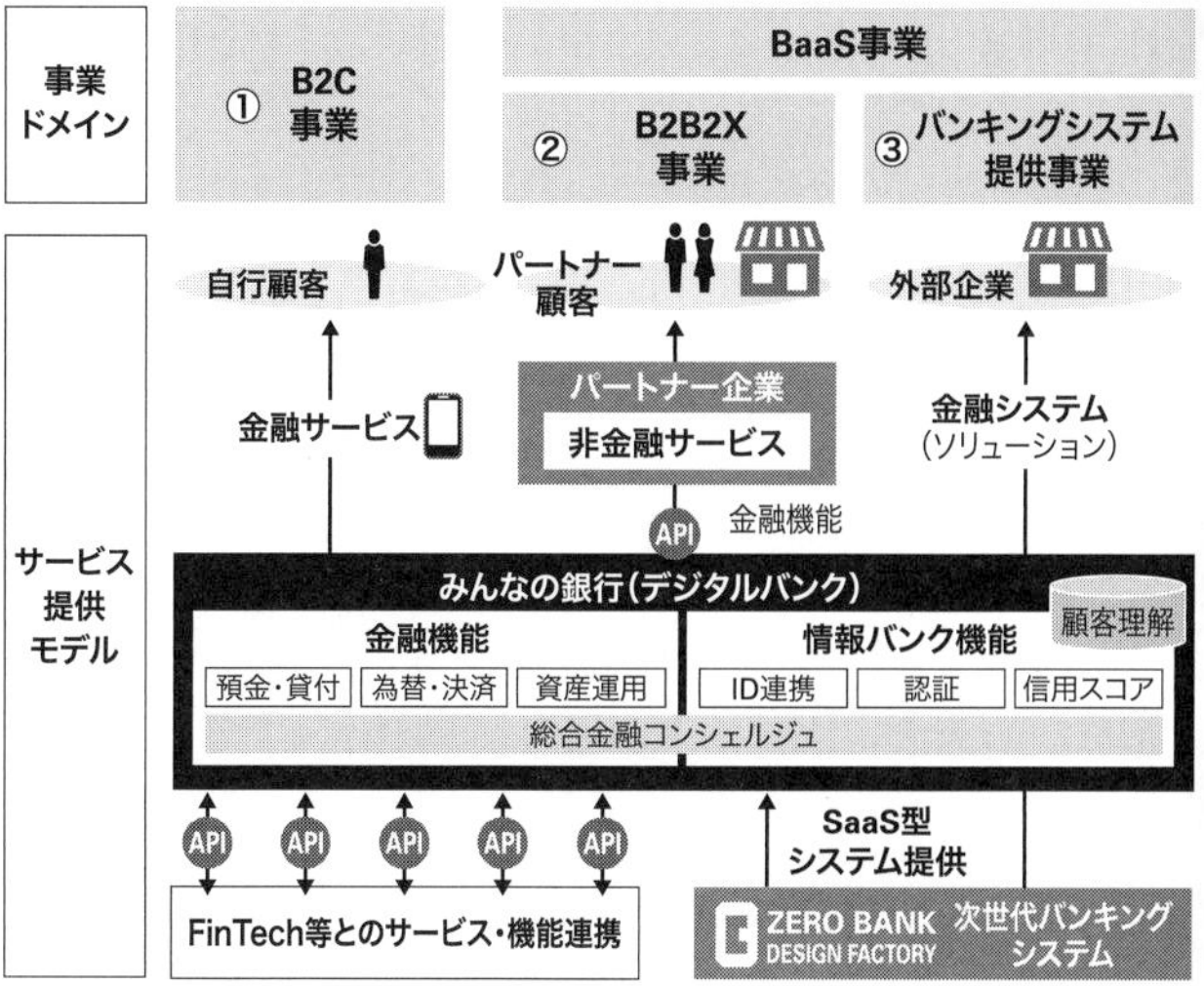

2021年１月19日みんなの銀行事業説明会資料による

図６-１　みんなの銀行の事業ドメイン

を行う。

第三段階のバンキングシステム提供事業とは、システム・機能自体を新たに銀行システムの構築を行う企業に販売するものである。異業種からの銀行業への参入に限らず、既存の金融機関も対象としている。

業績動向

２０２１年９月末時点の業績を見ると、預金顧客数は13・９万人、当初の２０２２年３月末までの目標である40万人顧客に対し、35％の進捗率である。預金者の内訳を見ると、いくつかの特徴が浮かび上がってくる。年齢層は20代が34%、30代が30%、40代が18%で、この3世代で8割を超える。男女比は、男性が67%で女性が33%、男性優位である。地域分布では、関東甲信越が38%、関西が17%と高く、ふくおかフィナンシャルグループの本拠地である九州地区は15%に過ぎない（図６－２、１７２ページ）。ユニークなデジタルバンクとして、日本全体から預金者が集まっているといえる。

参考として楽天銀行の２０２１年９月末時点の預金者の内訳（図６－３、１７３ページ）を見ると、楽天銀行は、20代が13%、30代が25%、40代が27%、50代が21%となっており、みんなの銀行よりやや年齢層は高い。地域分布は、関東甲信越が42%、関西が18%で、九州地区が10%と少ないが、みんなの銀行と差異は少ない。

４か月の短期間で13・９万人の口座開設がされた理由の一つに、友達紹介により、口座作成時に紹介者と被紹介者にそれぞれ１５００円を入金するという「お友達紹介プログラム」の仕組みがある。顧客が顧客を呼ぶ仕組みであり、みんなの銀行自体の営業は不要である。みんなの銀行としては、広告等による顧客獲得コストの代わりとして捉えているものと考える。

月額６００円（税込）のプレミアムサービスも特徴的である。このサービスに申し込みをすると、他行振込の手数料が月10回まで無料となり、無利子で最大5万円を立替するサービスも利用できる。この手数料は1年間はトライアル期間として無料で、当初は申し込みしやすくしている。ただし、利用者は1年後に引き落としが始まるので、このサービスが本当に必要かどうかをトライアル期間に検討することをお勧めする。

ＢａａＳ事業に関しても、2社向けのサービスがすでに提供された点は特筆できる。

1社目は、ピクシブ株式会社（本社東京都渋谷区）向けの「ピクシブ支店」で、２０２１年9月30日に開設された。ピクシブは、イラストコミュニケーションサービス「pixiv」を提供する企業である。クリエイターやファンの口座開設を想定し、クリエイターが創作活動を行う上での金銭的な不安の解消や、ファンからのクリエイターを応援する資金移動ができるサービス等が提供されている。

2社目は、パーソルテンプスタッフ株式会社（本社東京都渋谷区）で、所属する派遣スタッフ向けの銀行サービス提供をする「テンプスタッフ支店」が２０２１年10月2日に開設された。デザインをみんなの銀行とパーソルテンプスタッフで共同開発して、パーソルテンプスタッフの公式キャラクターを中心にする等、通常のみんなの銀行のデザインと差異化を図っている。

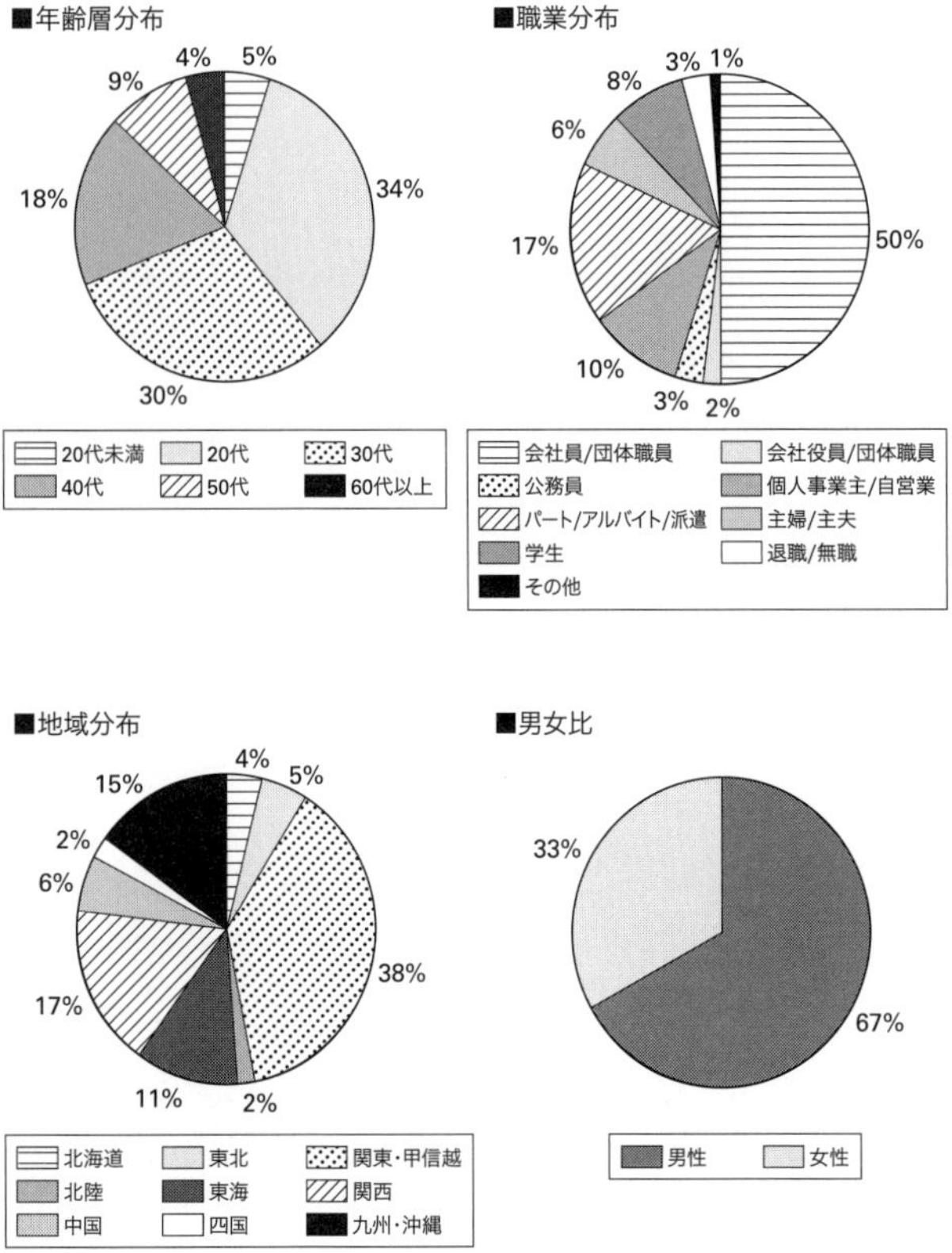

ふくおかフィナンシャルグループ2022年3月期中間決算資料による

図6-2　みんなの銀行の預金者の分布（2021年9月末）

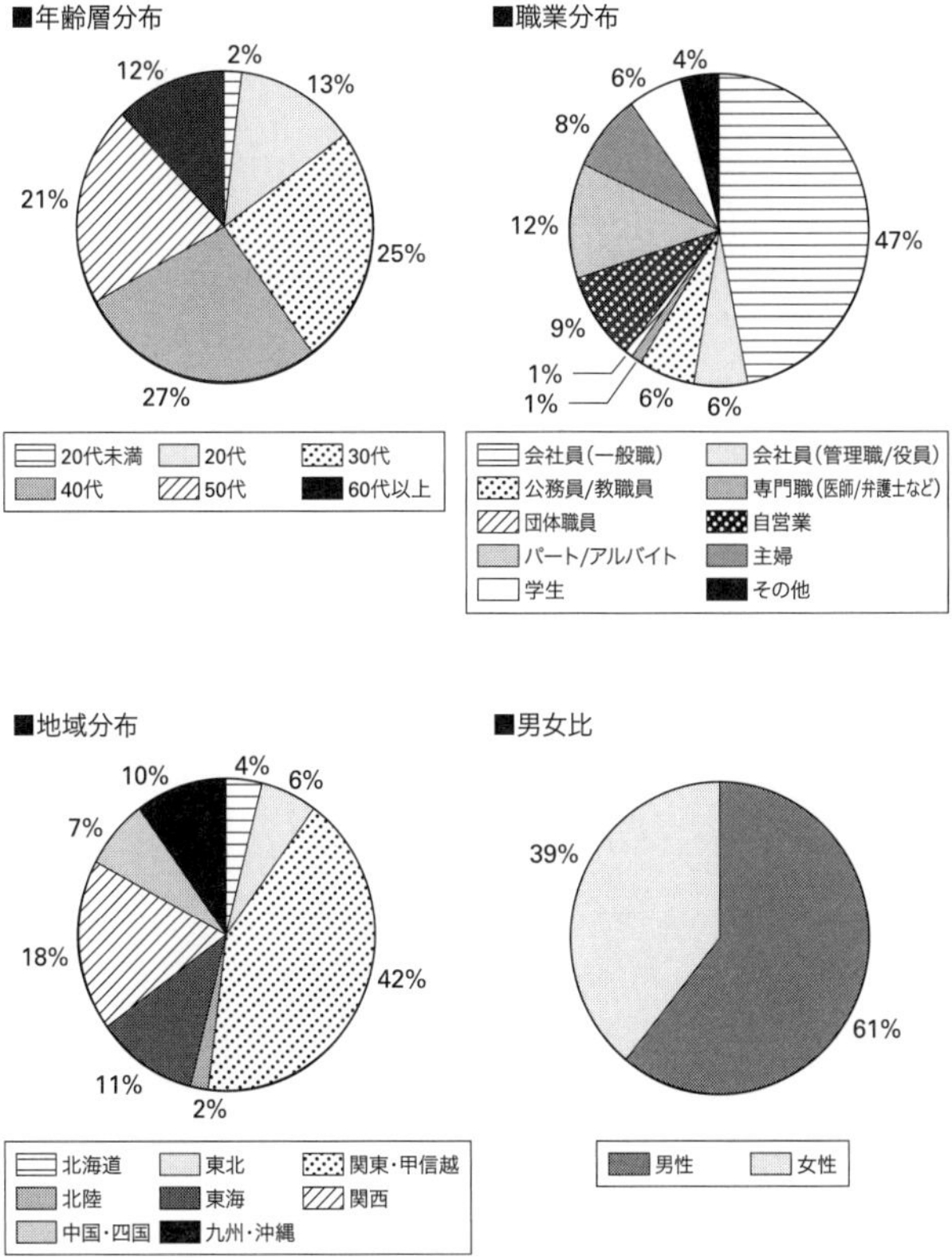

楽天銀行2022年3月期中間決算資料による

図6-3　楽天銀行の預金者の分布(2021年9月末)

機能面、開発面の特徴

みんなの銀行には、機能面で二つ、勘定系システムの開発面で二つの特徴があるとされる（「日経 FinTech Monthly Newsletter」２０２１年5月号）。

機能面での特徴は、第一にデジタル技術を活用して非金融サービスとの連携を図る点、第二にパーソナライズ化を行う点である。

第一のデジタル技術を活用して非金融サービスとの連携を図る点は、ピクシブ株式会社やパーソルテンプスタッフ株式会社との提携による支店開設で具現化された。

第二のパーソナライズ化は、金融および非金融の行動データを活用し、最適なタイミングで情報提供を可能にしていくことを考えている。

開発面での特徴は、第一にパブリッククラウドの活用、第二に漸進的なスクラッチ開発である。

第一のパブリッククラウドの開発については、国内外のＩＴ企業8社の提案を比較した結果、グーグル（Google）の「Google Cloud Platform（ＧＣＰ）」を採用した。その際に保守や運用のしやすさも考慮し、マイクロサービスやコンテナ技術といったクラウドに適した技術を採用している。マイクロサービスとは、システムのアプリケーションをユニークで小さなサービスに分割して実現することである。コンテナとは、システムのアプリケーションの実行環境をひとまとめにして提供する仮想化技術のことである。

第二の漸進的なスクラッチ開発は、スクラッチと漸進的の二つに分けて説明する。まずスクラッチについては、既存のシステムを使わずにまったくの新規開発で行うこととした。次に漸進的な開発としては、システムのアプリケーションを提供機能であるドメイン単位で区切り、提供するサービスを絞ってリリースした。当初リリースの２０２１年5月28日の第一弾では、勘定系の機能として、口座情報や顧客情報、入出金明細の管理等、必要最小限の機能だけを実現したとのことである（「日経 FinTech Monthly Newsletter」２０２１年5月号でのＣＩＯ宮本昌明氏による）。

６・２　東京きらぼしフィナンシャルグループのＵＩ銀行

「金融の枠に限定しないサービス業への転換」

地方銀行発のデジタルバンクの第2号が、東京の地銀である東京きらぼしフィナンシャルグループのＵＩ銀行である。２０１８年５月に東京都民銀行、八千代銀行、新銀行東京の３行が合併してきらぼし銀行が誕生したが、その時、持株会社も東京ＴＹフィナンシャルグループから商号変更して、東京きらぼしフィナンシャルグループとなった。ＵＩ銀行は、東京きらぼしフィナンシャルグループ内でも２番目の銀行ということになる。

２０２０年10月にＵＩ銀行のもととなる、きらぼしデジタルバンク設立準備会社が設立され、デジタルバンクの構想が発表された。その中で「お客さまニーズを第一義とした金融・非金融を問わないシームレスな総合サービスをスマートフォンアプリ１つで柔軟にご提供いたします」としており、金融の枠に限定しないサービス業への転換を宣言している。さらにきらぼし銀行と連携し、対面コンサルティングサービスをデジタル面からサポートし、対面・非対面の高度なハイブリッド化による「対話を軸にした〝金融にも強い総合サービス業〟」のさらなる進化を図るとしていた（図６－４）。

想定する顧客として、スマホの操作はある程度できるが、金融知識に乏しい層の相談をチャット等で受け付け、対面のきらぼし銀行とも連携していく方針だという。その意味で全国の顧客獲得を目指すみんなの銀行とは異なり、あくまで東京で、対面サービスのきらぼし銀行が十分にリーチできない層にサービス提供することを目指している。これは元々の地盤が、

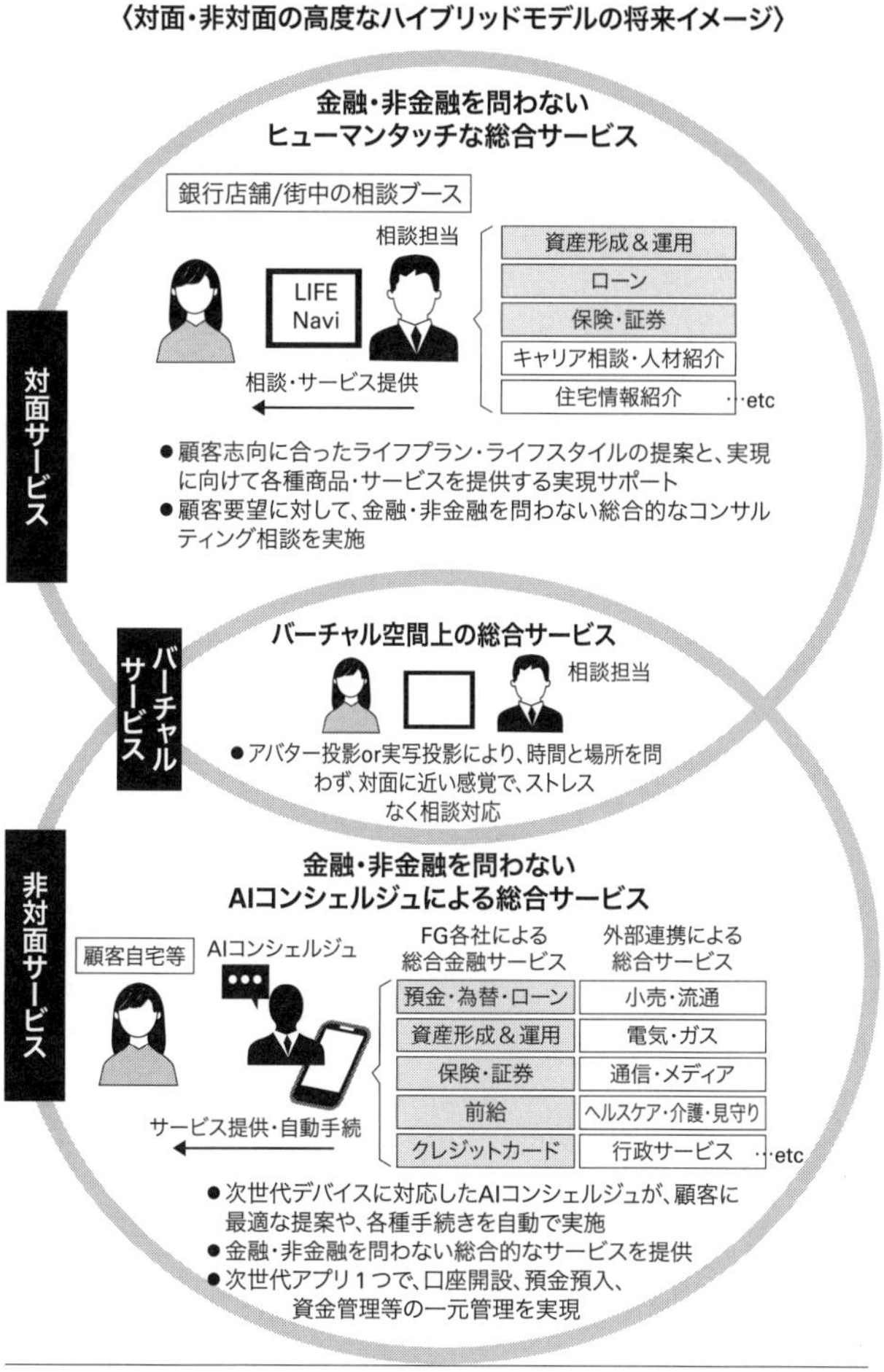

東京きらぼしFGニュースリリースを元に作成

図6-4　対面・非対面の高度なハイブリッドモデル（10年後）

最もデジタルバンクの潜在顧客の多い東京にあるためと考えられる。

ＵＩ銀行は、２０２１年12月17日に銀行業の営業免許を取得し、２０２２年１月４日には銀行システムの稼働を開始し、２０２２年１月17日に預金者向けサービス提供を開始した（図６－５）。

２０２０年10月の準備会社設立から１年３か月で開業できたのは、みんなの銀行のようなスクラッチ開発ではなく、すでにあるシステムを活用できたためである。日本で２００９年から営業しているＳＢＪ銀行（ＳＨＩＮＨＡＮ　ＢＡＮＫ　ＪＡＰＡＮ、韓国大手銀行新韓銀行の日本法人）のハイブリッドクラウド型のバンキングシステム「ＡｉＴＨＥＲ」（アイテル）（図６－６、１８０ページ）を採用し、アジャイルによる開発手法を取り入れて、極めて短期間での導入を行った。

「ＡｉＴＨＥＲ」の採用理由は、日本の銀行であるＳＢＪ銀行での10年以上の実績があり、全国銀行データ通信システム（全銀システム）の接続など、必要な機能が揃っていたことであるとしている。また営業店システムやインターネットバンキング等はパブリッククラウドで提供するが、勘定系システムはプライベートクラウドを利用するハイブリッドクラウドである。

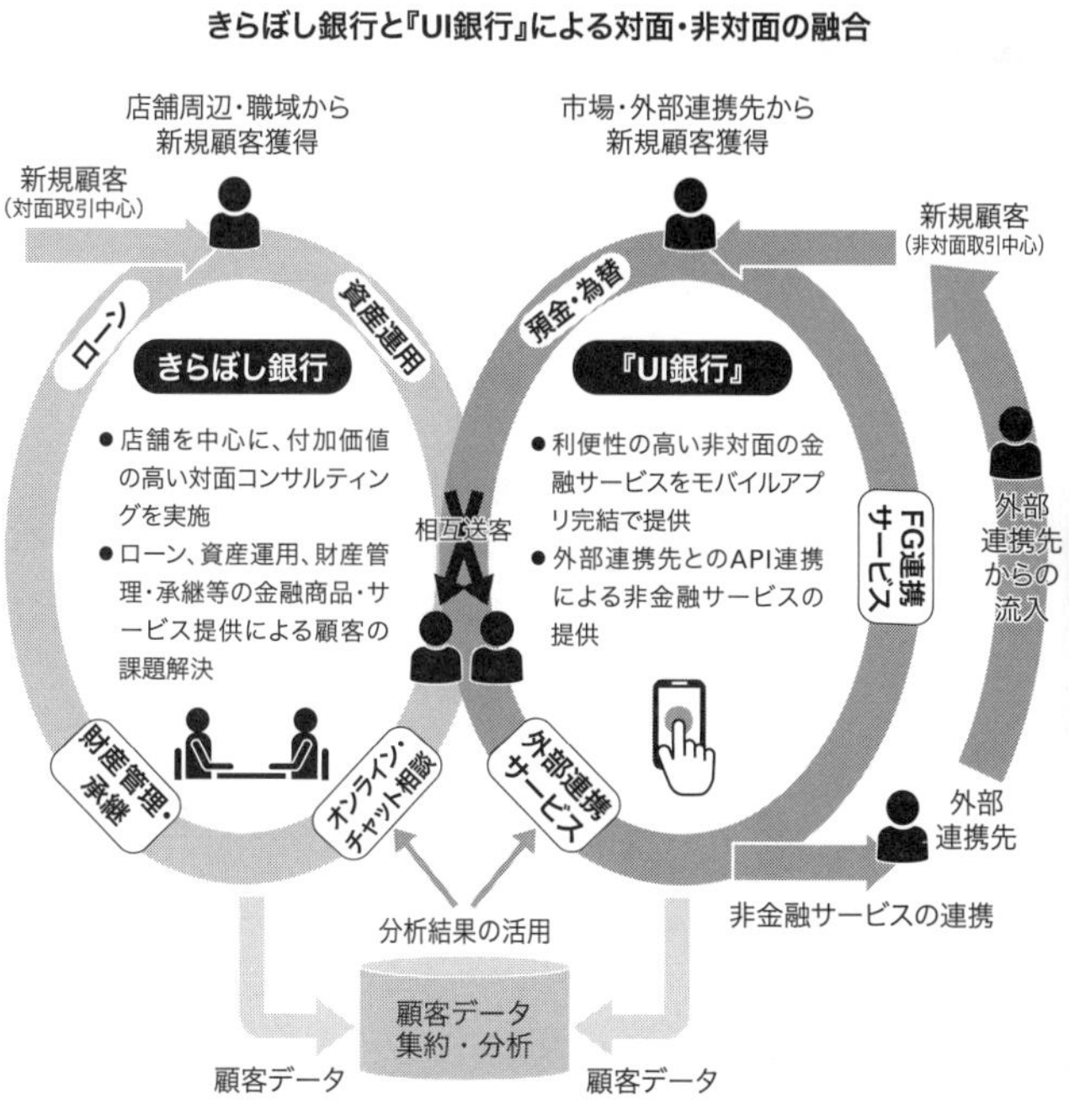

2022年1月17日UI銀行プレスリリースを元に作成

図6-5　開業時のきらぼし銀行とUI銀行の対面・非対面の融合

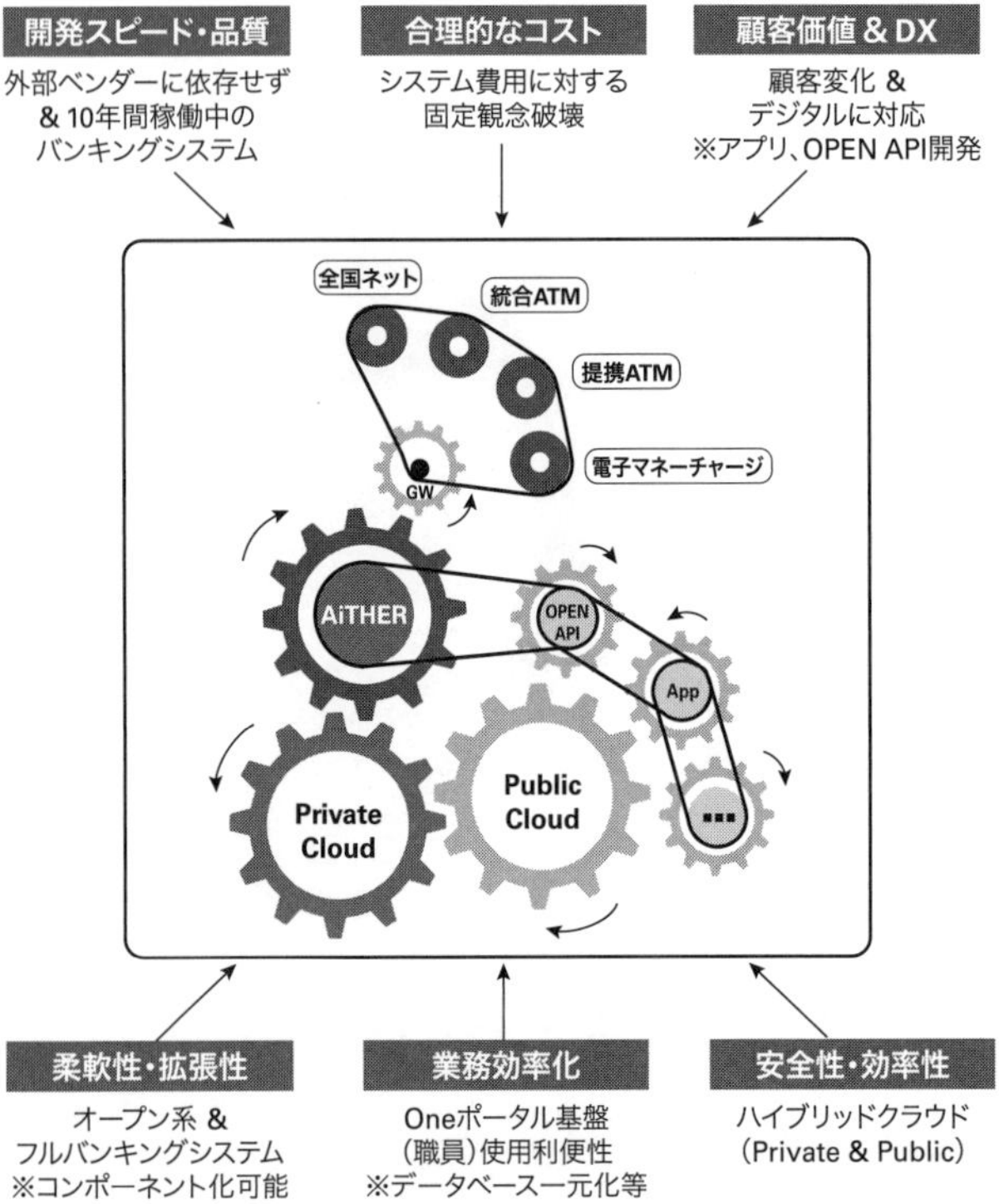

SBJ銀行2020年10月30日ニュースリリースを元に作成

図 6 - 6　「AiTHER」を中心としたクラウドバンキングシステム

きらぼし銀行の窓口に「デジタルコンシェルジュ」を置き、UI銀行の口座開設の支援や操作方法の相談を受けることで、必ずしもスマートフォンに慣れていない、きらぼし銀行の中高年の顧客へもアプローチしていく。非金融業との連携により、タクシーや病院の予約をアプリから実行し、その代金を口座から支払うこと等のサービスを想定して他の銀行との差異化を図るという。東京きらぼしフィナンシャルグループには東京都が出資しており、行政サービスとの連携も図られると考える。

当初は預金・為替業務からスタートするが、集めた預金をきらぼし銀行に貸し出すことで、その利ざやを収益とする計画である。さらに系列証券やクレジットカードとの連携や金融以外のサービスとの連携で手数料を得る形を計画している。

6・3　デジタルバンクの将来

課題は収益化

次に、みんなの銀行、UI銀行のようなスマートフォン専用のデジタルバンクの将来性について考える。最大の課題は収益化である。銀行ビジネス全体の預金と融資の利ざやが縮小している中で、これらのデジタルバンクは店舗や営業のコストがかからないことが強みとなる。ただし、日本の預金保持者は60代以上の高齢者に偏在している。一人当たりの預金の少ない20代から40代の顧客から得られる預金とローンの利ざやの収益額はけっして大きくない。一方で、システムコストをクラウド化で削減したとしても、アプリの魅力を高めるためには、相応のレベルアップの投資は継続的に必要となる。ちなみに、インターネット専業銀行の中で単年度黒字化年度を調査したところ、表6－2の通り、5期目頃に黒字化している。

収益化の方向性には次の三つがあると考える。第一にローンでの収益、第二に非金融の手数料での収益、第三にシステムの販売での収益である。

第一のローンでの収益は、既存銀行ができていない小口のローンの審査コストを下げ、預金との利ざやによる利益を確保する方法である。みんなの銀行、ＵＩ銀行とも推進を計画している。みんなの銀行は全国に顧客が広がる特性のため、ネットで手続きが完結することを優先する。その方針によると、住宅ローンではネット完結が困難であるとして、それ以外の小型のローンのみを取り扱う方針である。ＵＩ銀行は顧客のエリアを東京中心で考えており、きらぼし銀行の店頭での手続きも可能であることから、住宅ローンを含めローン商品の推進

銀行名	開業年月日	単年度黒字化年度	黒字までの期数
PayPay銀行	2000年10月12日	2005年3月期	5期目
ソニー銀行	2001年6月11日	2006年3月期	5期目
楽天銀行	2001年7月23日	2006年3月期	5期目その後3期赤字
住信SBIネット銀行	2007年9月24日	2010年3月期	3期目
auじぶん銀行	2008年6月26日	2013年3月期	5期目

筆者作成

表6-2　インターネット専業銀行の単年度黒字化年度

を図るものと考える。

第二に非金融の手数料での収益については、金融以外のサービスとの連携により紹介手数料を得るという形が考えられる。銀行より顧客接点が少ない証券や保険、資産運用のコンサルティングなどの金融サービスや、手数料を支払う余地のある高額商品である自動車、航空、住宅などが候補となる。

第三にシステムの販売については、銀行の免許を取るまではないが、独自の金融サービスを提供したい企業にカスタマイズした機能を提供することが考えられる。みんなの銀行では独自のシステムをスクラッチで開発しているので、すでにピクシブとパーソルテンプスタッフの2企業に専用の支店を提供している。他のデジタルバンクを作ろうとする銀行へシステムを丸ごと提供することも考えられる。

第一のローンでの収益は、相応の規模が必要であり、第二の非金融の手数料での収益も、競争が今後激化する可能性がある。第三のシステム販売も多くの数が稼げるものではない。以上から最終的に収益化の柱となるのは、第一のローン収益ではないかと考える。ただし、それには相応の口座数と預金量が必要となり、時間が必要になる。そこで即効性があるのが、第二の非金融の手数料の収益だが、今までにない分野であり、対象企業の選定とエンドユーザーへの魅力を増すカスタマイズが勝負になると考える。

６・４　住信ＳＢＩネット銀行の取り組み

ビジネスモデルの四つの特徴

地方銀行発のデジタルバンクに対し、２００７年に開業したインターネット専業銀行の住信ＳＢＩネット銀行の戦略を説明していく。

住信ＳＢＩネット銀行は開業3期目の２０１０年度に早くも単年度黒字化し、２０２１年3月期の当期純利益は１３９億円である。預金残高も２０２１年9月末で6兆６２８４億円と楽天銀行と首位を争っている。住信ＳＢＩネット銀行は、三井住友信託銀行とＳＢＩグル

東京都	池袋、池袋西口、上野御徒町、大手町、吉祥寺、品川、渋谷、渋谷東口、新宿、フラットプラザ新宿、町田、立川
首都圏	柏マルイ、船橋、大宮、大宮西口、浦和、フラットプラザ浦和、マルイシティ横浜、横浜、横浜西口、横浜みなとみらい、千葉中央
関　西	梅田、フラットプラザ大阪、神戸
その他	博多、島根銀行、福島銀行、仙台銀行等

同社ＨＰを元に筆者作成

表6-3　住信SBIネット銀行のローンプラザ等対面相談可能な場所

ープが50％ずつ出資する合弁企業である。

そのビジネスモデルの特徴は、第一に住宅ローンを中心としたローン事業、第二にＳＢＩ証券との連携、第三に積極的なデジタル化への取り組み、第四に大手企業の銀行代理業の支援を行うＮＥＯＢＡＮＫ事業、第五に法人へのレコメンド型のオンラインレンディングがある。

第一の住宅ローン事業については、ネット専用住宅ローンと住宅ローン（対面）、フラット35の３種類のラインナップがある。ネット専用住宅ローンは、三井住友信託銀行の銀行代理業者として、来店不要で手続きができる商品である。住宅ローン（対面）は、対面での相談や手続きを希望する顧客向けで、主要都市に住信ＳＢＩネット銀行の専属代理店業者の「ローンプラザ」を設けている（表6－3）。フラット35は、住宅金融支援機構と提携して取り扱う住宅ローンで最長35年間全期間固定金利型というのが特徴である。来店不要での手続きとフラットプラザでの対面手続きとが選択できる。

第二のＳＢＩ証券との連携については、オンライン証券で首位のＳＢＩ証券と連携するＳＢＩハイブリッド預金が提供されており、ＳＢＩ証券口座の買付余力への自動反映ができ、株式、投資信託、債券等の積立等に活用ができる。

第三の積極的なデジタル化の取り組みとしては、銀行界の先陣を切るＡＰＩ開放戦略である。フィンテック企業とのＡＰＩ連携を積極的に行っている。２０１６年３月25日には、マネーフォワードの自動家計簿やクラウド会計にＡＰＩ接続を行った。更新系についても、２０１６年12月26日に自動貯金サービスの「Finbee」から目的別口座間の振替をするＡＰＩを提供した。

第四の大手企業の銀行代理業の支援を行うＮＥＯＢＡＮＫ事業については、ＢａａＳ事業とも言えるもので、銀行機能のシステムを企業向けにカスタマイズしてＡＰＩを介して提供するものである。現在までに日本航空、カルチュア・コンビニエンス・クラブ（Tポイント）、ヤマダＨＤ（ヤマダデンキの持株会社）、オープンハウスの４社とのサービスを開始済みで、高島屋や第一生命等とも検討開始している（表６－４）。

第五の法人へのレコメンド型のオンラインレンディングについて説明する。２０１６年10

提供先企業	サービス開始日	主な特典
日本航空	2020年４月28日	銀行取引でのJALマイル提供
カルチュア・コンビニエンス・クラブ	2021年３月31日	銀行取引でのTポイント提供
ヤマダHD	2021年７月１日	銀行取引でのヤマダポイント提供
オープンハウス	2021年８月５日	銀行取引でのポイント還元率優待
高島屋	未定	タカシマヤ友の会との連携
第一生命	未定	未定
デジタルホールディングス	未定	未定

筆者作成

表６-４　住信SBIネット銀行のNEOBANK事業

月3日にレンディング・ワンというサービス名で開始されたが、当初は、顧客が申し込むと条件を提示する形だった。その後、２０１８年８月１日から、顧客が申し込まなくても条件が提示されるレコメンド型となった。さらに２０１９年５月16日から、サービス名は「dayta」に変更された。日々の入出金情報を元に、毎月借入条件（借入可能額と借入利率）を提示する（図６－７、次ページ）。手続きに関しても、決算書等の書類準備が不要で、ネットで申し込みをすると最短で当日融資が実行される仕組みである。借入可能額は50万円から３０００万円の間で提示され、返済期間は３か月、６か月、12か月から顧客が選択することができる。

　デジタルバンクとして開業したみんなの銀行とＵＩ銀行は、それぞれ特色ある戦略で進めている。店舗がないため、小規模な要員で運営できるメリットを生かすことができる可能性を秘めている。その一方で、すでに存在しているイ

住信SBIネット銀行daytaの商品概要説明書の資料をもとに作成

図6-7　住信SBIネット銀行daytaでのログイン後の借り入れ条件の提示画面例

ンターネット専業銀行を超える存在になるかというと、必ずしもそれは見えていない。

　ＳＢＩグループの中核であるＳＢＩ証券や三井住友信託銀行との連携もできる住信ＳＢＩネット銀行、楽天グループで楽天証券等との連携が強みの楽天銀行が、業容と利益を拡大している。さらに住信ＳＢＩネット銀行のようにＢａａＳ機能の提供も積極的に進めていて、デジタルバンクに先行している銀行もある。デジタルバンクは地方銀行からの脱皮を図るという意義はあるが、その先はまだ不透明であると考える。

第7章

キャッシュレスの先にあるもの

7・1　キャッシュレスサービスの形態

分類別・決済金額

キャッシュレスサービスの形態は、五つに分類できる。それは、クレジットカード、デビットカード、電子マネー、QRコード決済、個人間送金サービスである（表7－1）。まずは、わが国での分類別の決済金額を振り返る。

クレジットカードの決済金額は、2020年で約74兆円（日本クレジット協会統計による）。前年の約73兆円からの伸びは鈍化したが、いまだキャッシュレス決済金額の85％を占めている。しかしながら、加盟店の負担する手数料が高いため、小規模店では導入されていないという課題がある。

デビットカードは銀行の預金残高の範囲で決済される形態で、審査が不要で運営コストが低めである。その決済金額は、2020年度で約2・2兆円（日本銀行決済動向による）にとどまるが、前年の約1・8兆円からは伸びている。わが国ではクレジットカードを保有できる利用者が多いため、利用者は限定されている。

形態	高額紙幣抑制	小額硬貨抑制	ポイント
クレジットカード	○	○	現状キャッシュレス決済の85%程度。
デビットカード	○	○	審査が不要で運営コストも低めだがあまり伸びず。
電子マネー	−	−	プリペイド型とポストペイ型がある。増加の勢いは鈍化
QRコード決済	○	○	PayPay、LINE Pay、楽天ペイ、d払い、銀行Pay、J-Coin Pay等、急拡大中。
個人間送金	○	○	多くは決済サービスに付随、拡大中。

筆者作成

表７-１　キャッシュレスサービスの形態

電子マネーは、事前にチャージが必要なプリペイド型と、使用した金額を後払いするポストペイ型がある。プリペイド型には、ＪＲや私鉄で利用できる交通系の電子マネー（Suica、PASMO等）と流通系（WAON、nanaco）と専業系（楽天Edy）がある。プリペイド型の決済金額は、２０２０年で約６兆円（日本銀行決済動向による）で、前年の約５・７兆円から微増している。

ＱＲコード決済は、２０２０年で４・２兆円（キャッシュレス推進協議会による）で、前年の１・１兆円から大きく伸ばし、デビットカードを抜いて電子マネーに迫ろうとしている。

個人間送金は、ＱＲコード決済サービスに付随することが多いサービスである。２０２０年は約１・６兆円（キャッシュレス推進協議会による）で、前年の０・４兆円からこれも大きく伸びている。

７・２　２０１７年のFinTechビジョン

中国や韓国に大きく後れを取るキャッシュレス

キャッシュレスが大きく採り上げられる契機となったのが、経済産業省が２０１７年５月８日に公表したFinTechビジョンである。そこでは、フィンテックが単なる金融業界のイノベーションというだけでなく、日本経済の第４次産業革命を支える「新たな金融」であると定義した。その中で特に重点的に取り上げられたのが、フィンテックがお金を変えるという趣旨でのキャッシュレス化である。

FinTechビジョンでは、フィンテック政策指標項目が三点掲げられた。第一がキャッシュレス決済比率、第二がバックオフィスのクラウド化率、第三がサプライチェーン全体の資金循環速度（サプライチェーン・キャッシュ・コンバージョン・サイクル）だった。

第一のキャッシュレス決済比率は、個人の生活（家計）を劇的に変えて、消費行動の高度化・活性化を図るものという趣旨だった。

第二のバックオフィスのクラウド化率は、企業のバックオフィス業務の効率化によって収

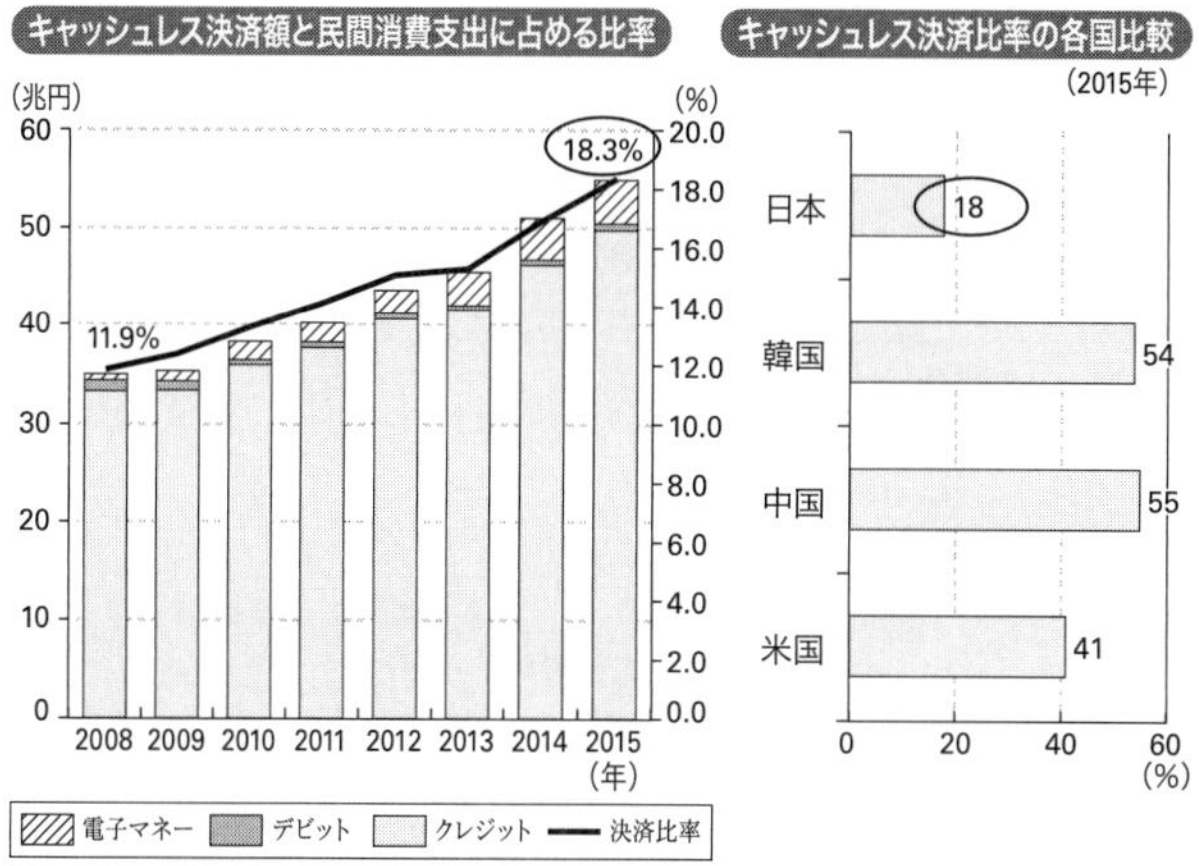

内閣府「2015年度国民経済計算年報」、日本クレジット協会、日本デビットカード推進協議会、日本銀行「電子マネー計数」

（出典）日本は左と同じ。
他国はEUROMONITOR INTERNATIONAL年次レポート

経済産業省FinTechビジョンを元に作成

図7-1　キャッシュレス比率の2015年時点の状況

益力を高めたいという趣旨だった。第4章で採り上げたクラウド会計のfreeeとマネーフォワードが代表的企業で、FinTechビジョン公表時は、訴訟で互いに争っていた時期であった。

第三のサプライチェーンの資金循環速度（サプライチェーン・キャッシュ・コンバージョン・サイクル）は、中小企業の資金繰りを改善して財務面を支える技術として採り上げられた。第4章で採り上げたマネーフォワードケッサイのEarly Payment等のオンラインファクタリングがその代表的な実

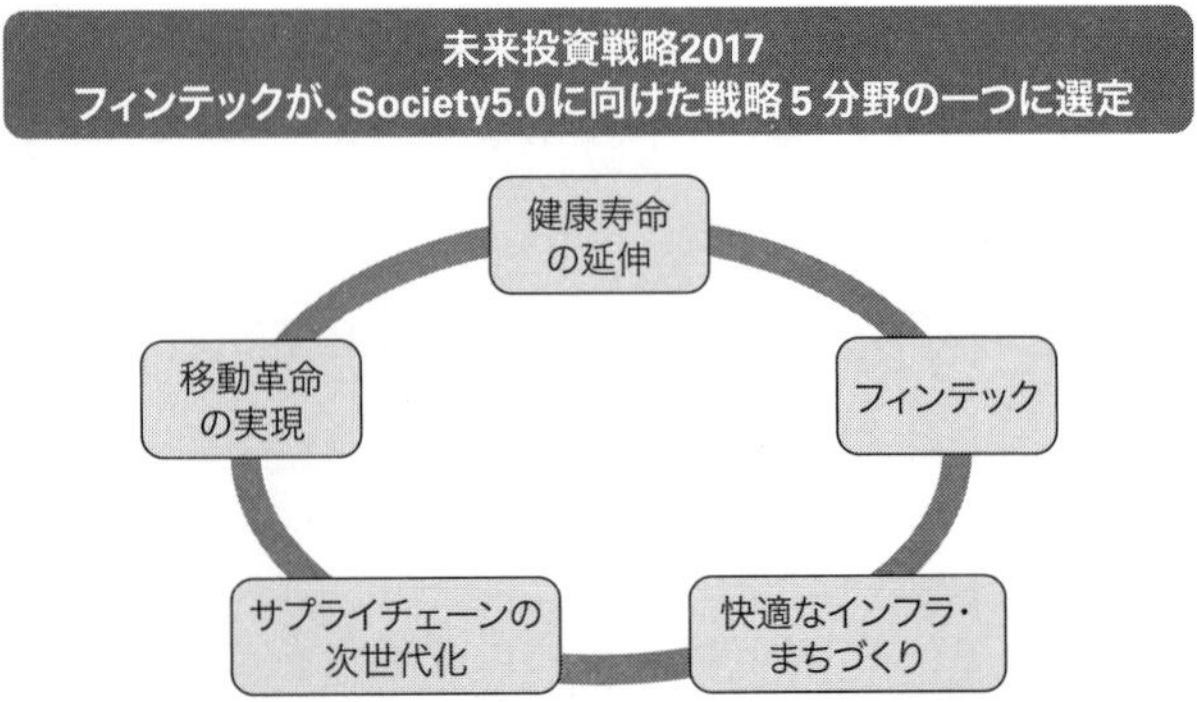

Society5.0：①狩猟社会、②農耕社会、③工業社会、④情報社会に続く、人類史上５番目の新しい社会。新しい価値やサービスが次々と創出され、社会の主体たる人々に豊かさをもたらしていく。

首相官邸「未来投資戦略2017-Society5.0の実現に向けた改革」（2017年６月９日）により筆者が作成

図７-２　未来投資戦略2017

現サービスである。

特にキャッシュレスについては、２０１５年時点のキャッシュレス決済比率が18・３％であるとして、５割を超える中国や韓国に大きく劣後しているとの指摘がされた（図７－１、前ページ）。

FinTechビジョン公表の１か月後の２０１７年6月9日に閣議決定された「未来投資戦略２０１７」では、Society5.0に向けたわが国の戦略５分野の一つにフィンテックが採り上げられた（図７－２）。未来投資戦略２０１７でも、「諸外国と比較してキャッシュレス化が十分に進展していない」

として、KPI（Key Performance Indicator：重要業績評価指標）として、今後10年間（2027年6月まで）にキャッシュレス化比率を倍増し、4割程度とするという目標が立てられた。

7・3　2018年のキャッシュレス・ビジョン

キャッシュレス発展のための方策

2018年4月11日には、キャッシュレス・ビジョンが経済産業省から公表された。FinTechビジョンからキャッシュレスに特化して深掘りされ、海外の動向、日本の現状、今後の対応の方向性がまとめられている。

そこでは具体的な方策として、次の五点が指摘された。第一に、実店舗におけるキャッシュレス支払い導入にかかるボトルネックの解消、第二に、消費者に対する利便性向上と試す機会の拡大、第三に、支払サービス事業者のビジネスモデル変革を後押しする環境整備、第四に、産官学によるキャッシュレス推進の強化、第五に、新産業の創造である。これらは、

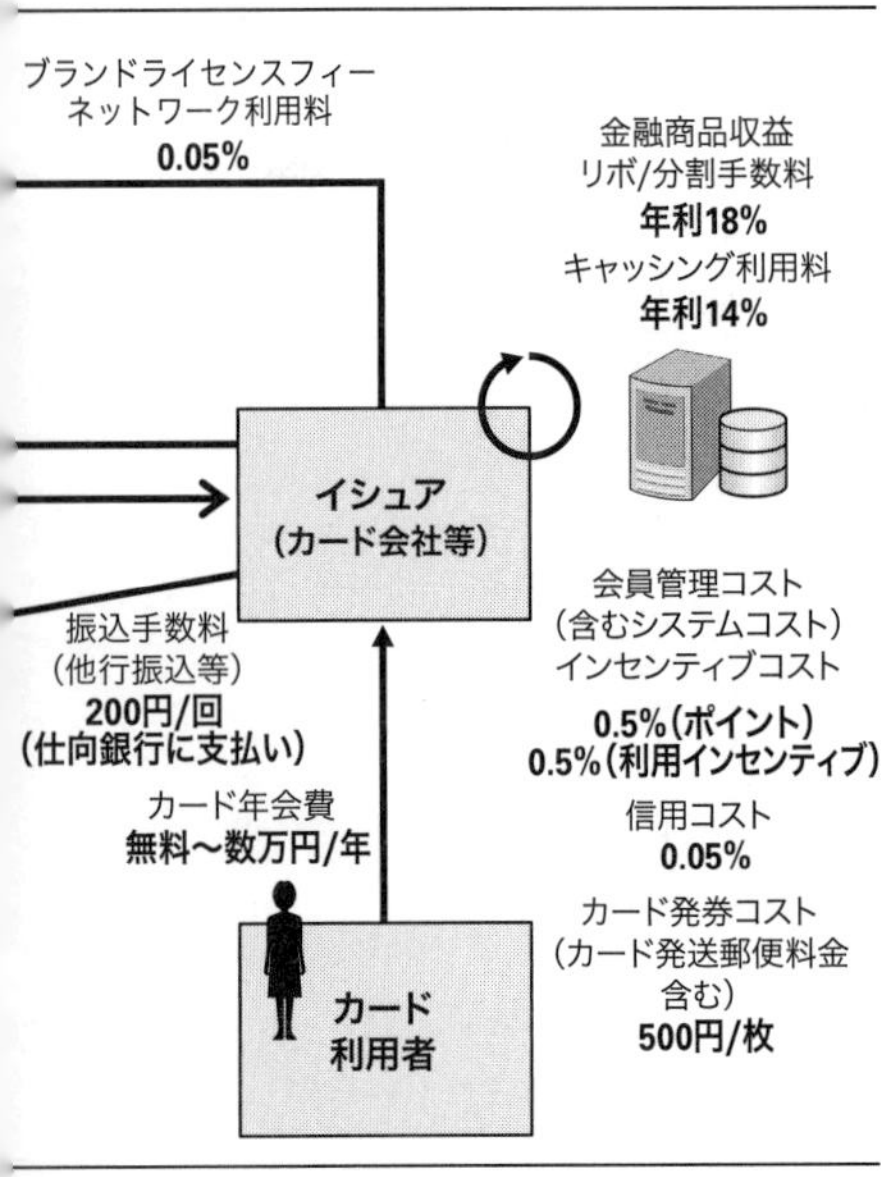

それぞれその後のキャッシュレスの発展に大きく寄与している。

　第一の実店舗におけるキャッシュレス支払い導入にかかるボトルネックの解消は、主に小型店舗がキャッシュレス受け入れをしていないことがボトルネックになっているとの指摘である。店舗の利益率がキャッシュレス決済の手数料率を下回るケースがあることが指摘された。ここから、支払手数料がクレジットカードより低廉な仕組みのサービスが求められるようになった。このような背景で、スマートフォンでのQRコード決済がブームとなっていく。

　第二の消費者に対する利便性向上と試す機会の拡大は、キャッシュレス支払い利用の動機付けがポイントとなって

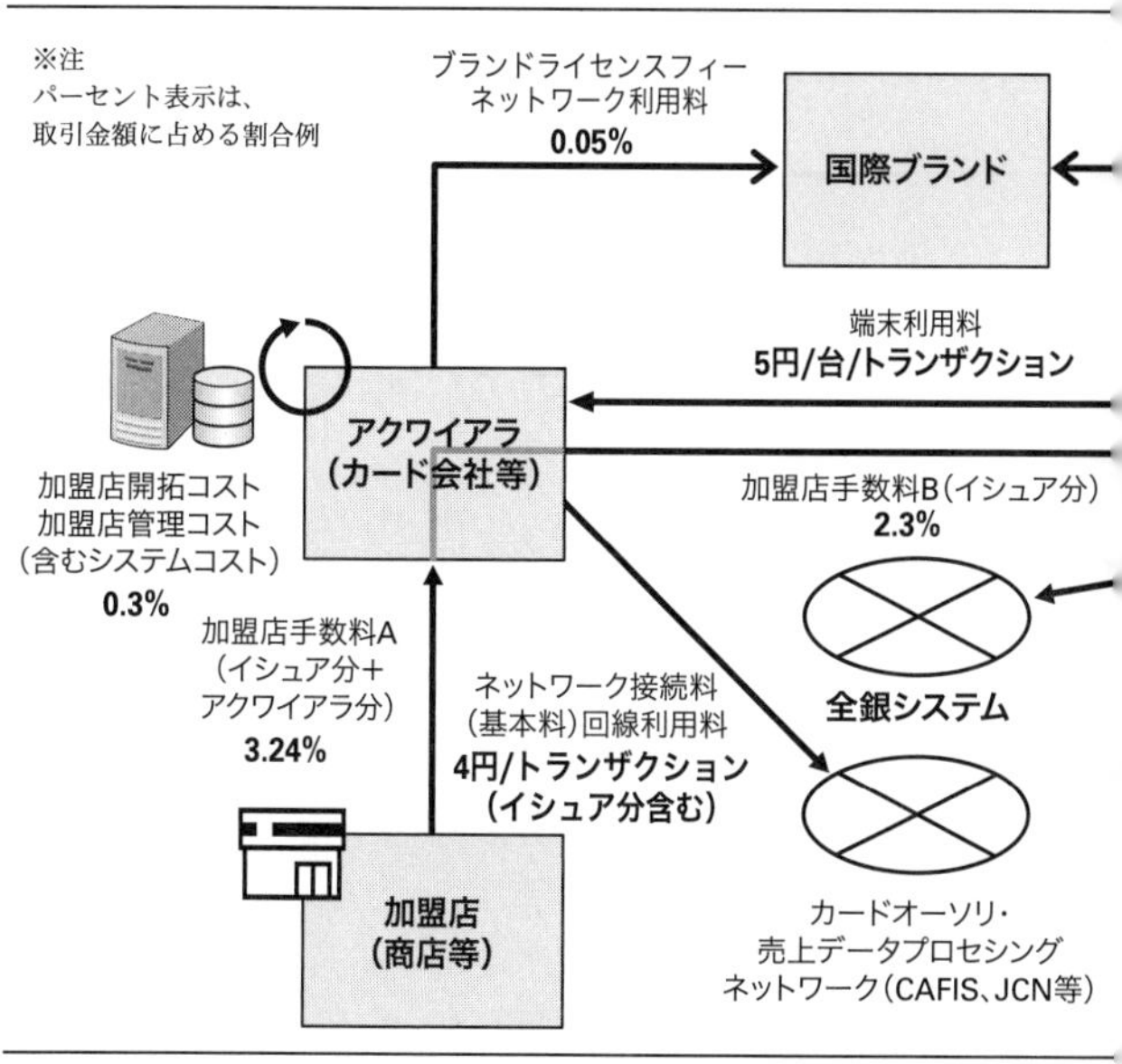

キャッシュレス・ビジョン図表25を元に作成

図７-３　カード取引のコスト収益構造の例

いて、その後のキャッシュレスの事業者のキャンペーンや、消費税率10%引き上げ後の２０１９年10月から２０２０年６月まで行われた国のキャッシュレス・消費者還元事業に繋がっていく。

　第三の支払サービス事業者のビジネスモデル変革を後押しする環境整備では、クレジットカード会社、銀行、電子マネー事業会社等が対象である。そこでは、支払手数料のあり方の検討（図７－３）や、本人確認／認証に関する仕組みの整備が指摘された。

第四の産官学によるキャッシュレス推進の強化では、より野心的な目標設定のターゲットとして、大阪・関西万博（２０２５年）を目標として、キャッシュレス化比率４割を前倒しすることが提言された。また、キャッシュレス推進協議会の設立が提言された。キャッシュレス推進協議会は２０１８年７月２日に提供側企業、利用側企業、団体、地方公共団体等で設立された。その後、２０１９年から毎年キャッシュレス・ロードマップを公表するなど、キャッシュレス・ビジョンの活動を引き継いでいる。

第五の新産業の創造は、商流・物流・金流の連動を促進することや、データ利活用の円滑化に着目した産業育成等が掲げられた。情報銀行等がその後構想されるようになる。

２０１８年６月15日に閣議決定された「未来投資戦略２０１８」では、フィンテック／キャッシュレス社会の実現が再度採り上げられ、その中でもキャッシュレスがクローズアップされた。翌年２０１９年６月21日に閣議決定された「成長戦略フォローアップ」では、正式に２０２５年６月までにキャッシュレス比率を４割程度とすることが目標となった。

７・４　ＬＩＮＥ、PayPayの参入

PayPayの１００億円キャンペーン

２０１８年６月時点で、ＱＲコード決済で目立つ事業者は、２０１４年６月サービス開始のLINE Pay、決済系フィンテックスタートアップ企業のOrigami、楽天グループの楽天ペイ、２０１８年４月から本格参入したＮＴＴドコモのｄ払いだった（表７－２、次ページ）。

２０１８年６月28日の「ＬＩＮＥ　ＣＯＮＦＥＲＥＮＣＥ２０１８」で、その後のキャッシュレスの競争激化の号砲となる発表が成された。中小規模の店舗の事業者向けの「LINE Pay店舗用アプリ」の提供が開始され、２０１８年８月から３年間、電子決済利用の際の店舗側が負担する決済手数料を「LINE Pay店舗用アプリ」に関して０％とすることとした。

さらに７月28日、ソフトバンクとヤフーの合弁会社が、インド最大の電子決済企業Paytmと連携し、新たなＱＲ決済サービスPayPayを２０１８年秋に提供開始し、加盟店手数料０円、導入手数料０円、入金手数料０円とすると発表した。このPayPayのサービスは10月5日に開始されたが、まず加盟店増強策として、先着30万店に決済金額の１％を還

	サービス開始日	備　考
LINE Pay	2014年12月16日	2022年PayPayと統合へ
Origami Pay	2016年５月19日	2020年１月メルペイに統合
楽天ペイ	2016年10月27日	楽天ポイントを貯めることができる
銀行Pay	2017年７月３日	はまPay（横浜銀行）、YOKA！Pay（福岡銀行2018年３月１日開始）、ゆうちょPay（2019年５月８日開始）等８行
pring	2018年３月８日	送金、メタップス系、2021年7月Googleの子会社化、64金融機関と連携（2022年１月現在）
d払い	2018年４月25日	NTTドコモが運営
PayPay	2018年10月５日	最大シェア、ソフトバンクとヤフーの合弁
メルペイ	2019年２月13日	メルカリ系
J-Coin Pay	2019年３月１日	みずほ銀行系161金融機関と連携（2022年１月現在）
au PAY	2019年４月９日	KDDIが運営

筆者作成

表７-２　主なQRコード決済

元する施策を行った。

その上で日本全国にPayPayの名前を知らしめたのが、12月４日から始まった総額１００億円を20％キャッシュバックするキャンペーンだった。40回に１回は全額還元されるということもあり、高額の電化製品等での利用により、キャンペーンはわずか10日間で上限金額に達して終了した。

この12月には、PayPayでのクレジットカード不正利用問題が発生した。PayPayで使ったことのない消費者のクレジットカードからの引き落としがされているという事象であった。何らかの形で流失していたクレジットカード番号、暗証番号、セキュリティコードを利用して、クレジットカードをPayPayに紐づけ登録できてしまうということが原因だった。

これに対してPayPayでは、不正利用金額の全額補償に加え、クレジットカード登録時にカード会社の本人認証サービス（3Dセキュア対応）を経ることが必要とする対応と、本人認証がないクレジットカードでの決済限度額を5000円に下げ、チャージができないという対応を行って乗り切った。2019年2月には還元金額上限を付けた、2回目の100億円キャンペーンを行った。また数千人規模の営業部隊が加盟店開拓を行うことで、利用可能店舗を広げていった。

キャッシュレス・消費者還元事業

2019年10月に消費税が8％から10％に引き上げられたのを機に、消費税引き上げの需要平準化対策とキャッシュレスの推進策を兼ねて、国の予算でキャッシュレス・消費者還元事業が2019年10月から2020年6月まで行われた。

キャッシュレス・消費者還元事業では四つの補助が成された。第一に消費者還元補助、第二に加盟店手数料補助、第三に決済端末補助、第四に事務経費補助である。

第一の消費者還元補助は一般に最も知られたもので、消費者がキャッシュレス手段を用いて中小・小規模事業者の店舗で支払いを行った場合の原資の補助である。中小・小規模事業者（個店）は5％還元、フランチャイズチェーン店は2％還元となった。

第二の加盟店手数料補助は、中小・小規模事業者である加盟店がキャッシュレス事業者に支払う加盟店手数料（3・25％以下）の3分の1の補助である。

第三の決済端末補助は、これも中小・小規模事業者である加盟店向けで、キャッシュレス決済事業者が初期費用である決済端末導入費用等の3分の1を負担することを前提に、残りの3分の2を補助するものである。

第四に事務経費補助は、キャッシュレス決済事業者向けで、本事業に参加するために追加的に発生するシステム開発やキャッシュレス決済の広報活動の事務経費の一部を補助するものである。

キャッシュレス・消費者還元事業の結果は、登録加盟店数は約115万店で、そのうち中小・小規模事業者（個店）の登録数が約105万店（91％）、他はフランチャイズ店であった。また6月22日までの対象決済額は11・7兆円で、還元額は4870億円であった。

７・５　ＱＲコード決済の淘汰と合従連衡

変わる勢力図

２０１９年11月18日、ヤフーの親会社であるＺホールディングスとＬＩＮＥが２０２０年10月に経営統合することとなった。その結果、PayPayとLINE Payが同一資本傘下となった。最終的に、２０２１年10月以降はLINE Payのオフラインでの加盟店の新規募集は停止となった。

一方、PayPayは着実に成長し、２０２１年９月現在、利用者数４２００万人超、加盟店数３４４万か所超、決済回数２０２１年上期の月平均２・６億回超となっており（図７－４、次ページ）、ＱＲコード決済での圧倒的なシェアを獲得する結果となった。

資本力でシェアを獲得したPayPayとは対照的に、ＱＲコード決済の草分け的なフィンテック企業であったOrigamiが、メルペイに１株１円で全株式を譲渡して統合されることが２０２０年１月23日に発表された。「Origamiショック」といえる決済スタートアップ企業の挫折であった。

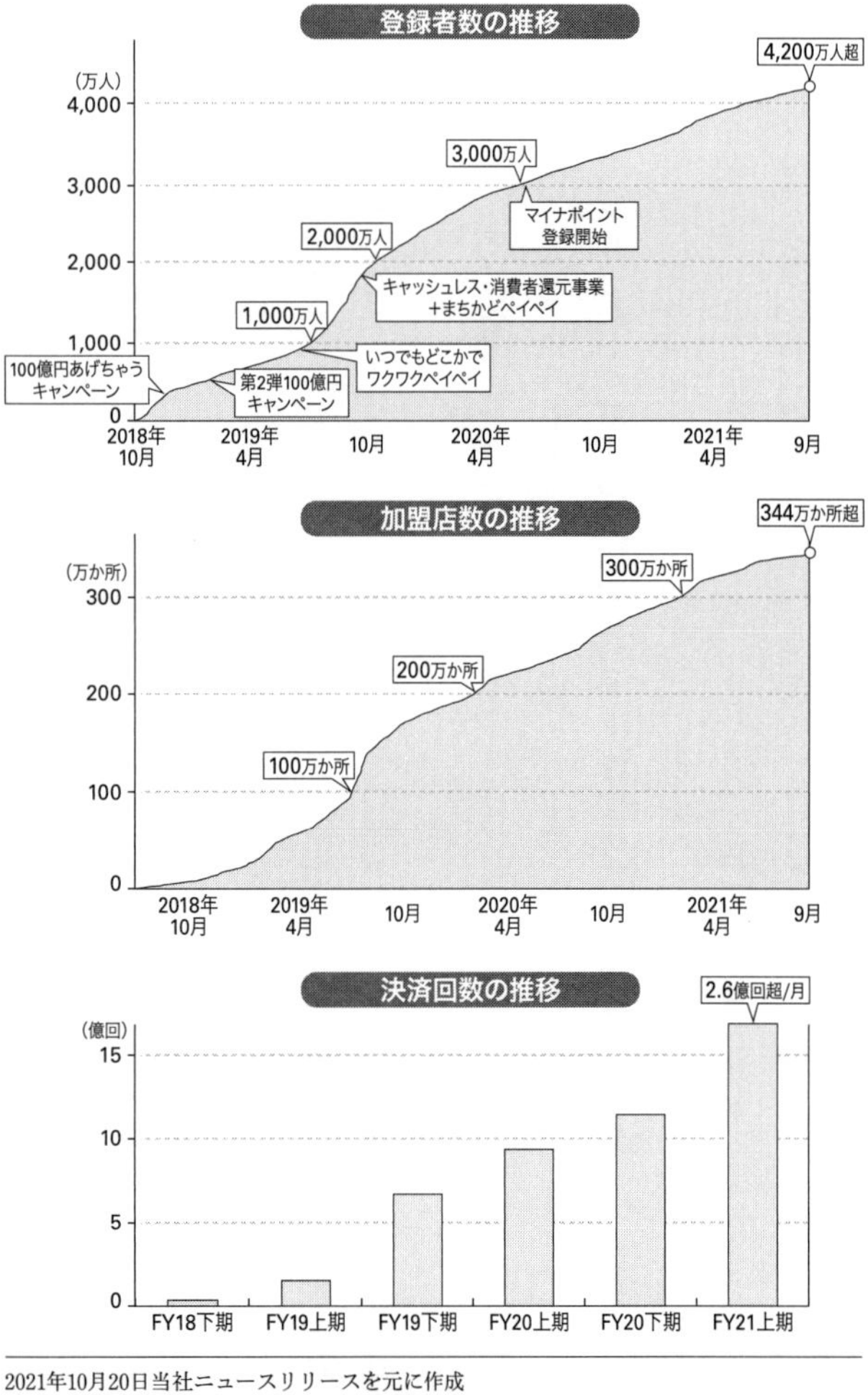

2021年10月20日当社ニュースリリースを元に作成

図 7 - 4　PayPayの登録者数、加盟店数、決済回数の推移

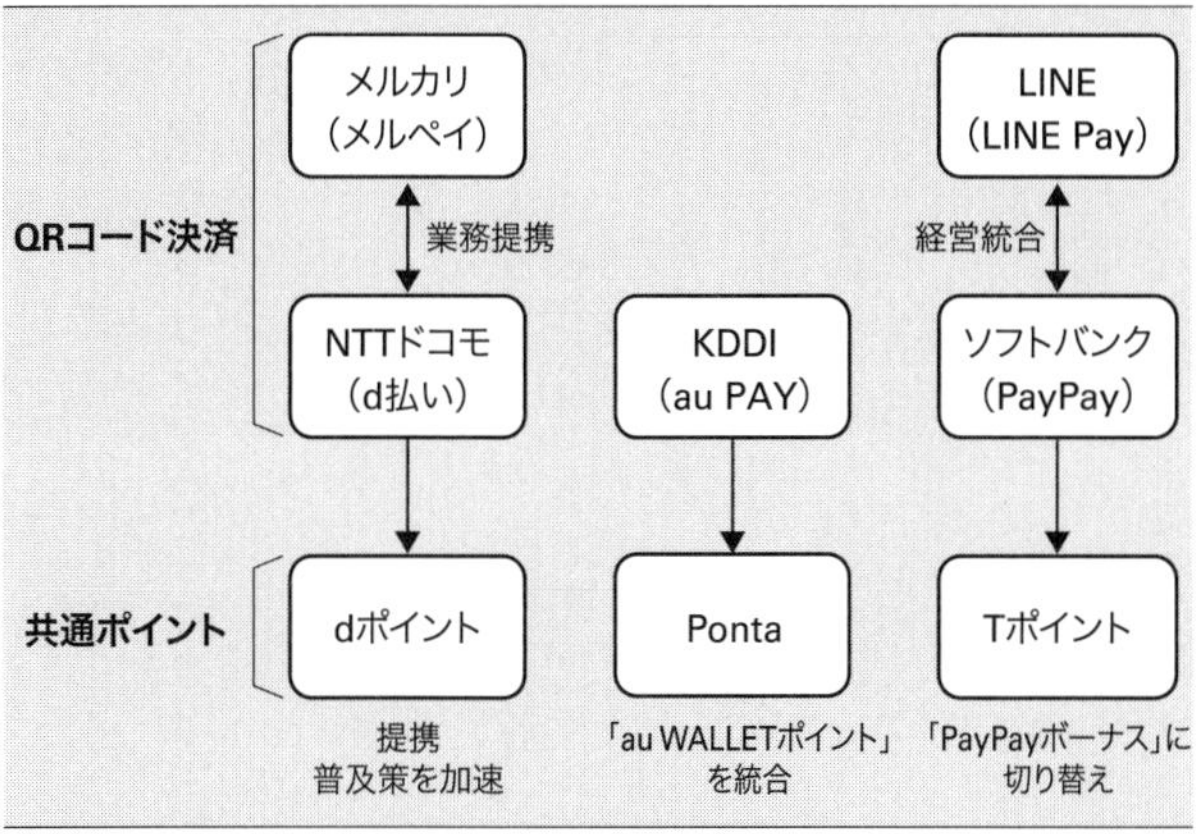

日経FinTech Monthly Newsletter 2020年２月号による

図７-５　通信系大手のQRコード決済と共通ポイントの合従連衡

２０１９年11月のＺホールディングスとＬＩＮＥの経営統合は、ユーザー基盤としてはヤフーの６７００万人とＬＩＮＥの８２００万人が合体するものであり、他の通信系大手であるＫＤＤＩやＮＴＴドコモにも合従連衡を引き起こした（図７－５）。従来ヤフーとＴポイントが提携していたが、この経営統合により、陣営の共通ポイントもPayPayボーナスに統一していく。２０２１年12月にヤフーは、２０２２年４月以降、ＴポイントがPayPayボーナスに変わることを発表した。

ＫＤＤＩは２０１９年12月16日、９３００万人超の会員を持つといわれるPontaポイントを運営するロイヤルマーケティングに20％を出資することで、ＱＲコード決済では後発のau PAYを強化した。

NTTドコモは、2020年2月4日にメルカリ・メルペイと業務提携を行った。dポイント会員7300万人とメルカリ会員1500万人の会員基盤が合体することを狙ったものである。

7・6　グーグルのpring買収

日本の金融市場に参入

2021年7月13日に、グーグル（Google）が、QR決済・送金アプリのpring（プリン）の全株式を取得する契約に合意したことを発表した。なお、グーグルに株式を譲渡したのは、メタップス、ミロク情報サービス、日本瓦斯の3社で合計86%超である。GAFAと呼ばれる世界的なプラットフォーマーであるグーグルのわが国の金融ビジネスへの進出ということで大きな話題になった。そこで、買収対象となったpringがどのような企業で、そしてグーグルがどのような意図で買収したのかについて説明していく。

pringは2017年4月、メタップス、みずほFG、みずほ銀行、WiL LLC.の4社の資本・業務提携を受けて、銀行と連携する決済アプリの事業化を行うために設立された企業である。出資の中心となるメタップスは2007年創業のIT企業で、すでに2015年8月に東証マザーズ（現東証グロース）に上場していた。

2018年3月にお金のコミュニケーションアプリpringがリリースされた。QRコード決済の機能もあり加盟店での決済に利用できる。ただ店舗での決済以上に、送金アプリであることが特徴である。徐々に提携銀行を増やしており、多くの銀行の口座との無料での連携が可能なので、ユーザーの他行間の送金を無料で行うことができる点が強みである。またユーザー間のコミュニケーション機能を持っており、割り勘での利用や、メッセージとともに送金をすることができる。

出資者でもあったみずほ銀行は、1年後の2019年3月にアプリpringと同様に、銀行口座との連携が無料でできる銀行系のキャッシュレスアプリとして、独自にJ-Coin Payをリリースした。この両アプリの提携金融機関を比較したのが表7－3（次ページ）である。

みずほ銀行はpringにも出資しており、両アプリの推進に関与しており、コンセプトは重なる。そして、両アプリとも、店舗決済よりも手数料無料での送金が強みである。特に

	pring（プリン）	J-Coin Pay
大手行	ゆうちょ、三菱UFJ、三井住友、みずほ、りそな、埼玉りそな（6行）	みずほ、三井住友信託（2行）
インターネット系等	住信SBIネット、楽天、ソニー、auじぶん、PayPay、イオン、あおぞら、SBJ（8行）	SBJ（1行）
上位地銀10行	横浜、千葉、福岡、常陽、西日本シティ、広島、七十七、京都（8行）	西日本シティ、広島、七十七、第四北越、京都（5行）
他地銀52行	群馬、八十二等32行	群馬、八十二等42行
第二地銀37行	北洋、京葉、愛知、もみじ等10行	北洋、もみじ等24行
他	なし	信組（74）、労金（13）
合計提携機関	64金融機関	161金融機関
寸評	大手行、インターネット銀行をカバーしており、実用性が高い	数は多いが、メガバンクはみずほだけ

筆者作成

表7-3　pringとJ-Coin Payの提携金融機関比較（2022年1月21日現在）

pringは３メガバンクとゆうちょ、りそな、埼玉りそなとインターネット系の主要銀行に対応しているので、メガバンクとインターネット銀行の複数銀行の利用者にとって、送金アプリとして利用価値が高くなっている。またグーグル買収後も旺盛な金融機関との提携を行っていて、２０２１年12月は３行、２０２２年１月は４行と提携を発表した。

一方J-Coin Payは、メガバンクであるみずほ銀行が運営主体であるため安心感があるとともに、地銀中下位行や第二地銀に加え、労働金庫13庫をカバーしている。さらに２０２１年12月13日に一気に全国74の信用組合と口座接続を開始し、提携金融機関が１６１となった。しかし、メガバンクの口座接続がみずほ銀行だけなので、J-Coin Pay内では活用できるケースが限定されてしまう点が弱みである。

単体では両者強みが異なっているが、pringもJ-Coin Payの両方とも無料であり、両方のアプリを併用すれば、かなりの範囲で無料での送金ができることになる。

買収したグーグルは、いうまでもなく世界的な検索エンジンのプラットフォーム企業であり、検索利用時の広告収入が収入源である。無料の検索エンジンから利用者のデータを得て、それを元に関連する広告を配信することを強みとしている。わが国の金融のアプリに進出することで、さらに利用者のお金の動きも把握して、広告ビジネスの収益強化が可能になる。また、アンドロイドスマートフォンの非接触型のモバイル決済サービスであるGoogle Payと連携したサービスの提供等での活用の本格化が予想される。

Pring買収に続き、2022年3月には、みずほフィナンシャルグループとGoogle Cloudがデジタルトランスフォーメーション分野における戦略的提携合意を発表した。この提携も注目される動きである。

7・7　アップル、アマゾン、フェイスブックの参入

注目の動向

本章の最後に、他の世界的プラットフォーマーであるアップル（Apple）、アマゾン（Amazon）、フェイスブック（Facebook）の２０２２年１月時点の日本の金融への進出状況を確認する。

まずアップルは、２０１６年10月25日にわが国でApple Payのサービスを開始している。Apple Payは、iPhoneやApple Watch等のデバイスに、クレジットカードやSuica、PASMOを登録することで、元のカードを出さずに決済ができるサービスである。あくまでデバイスの利便性を高め、アップル製品のユーザーを増やすことが目的で、顧客のデータは利用しないというポリシーが特徴である。よって、カードの情報をデバイスに持たない点がセキュリティ上のアピールポイントである。ただ、利用できる店舗が限定されていることもあり、普及は停滞している。

アップルの動向で注目されるのは、アメリカで発行されているクレジットカードの

「Apple Card」である。「Apple Card」は、「Apple Pay Cash」という仕組みと連動しており、銀行口座との連携ができ、個人間送金を行うことができる。アップル自体が銀行になったのではなく、ゴールドマンサックスバンクおよびグリーンドット銀行の口座を利用したサービスだが、両銀行はあくまで黒子役となって、利用者からはアップルの銀行のように見える仕立てである。この仕組みが日本でも仮に実現できれば、日本の銀行にとっては大きな脅威になりうる。なおゴールドマンサックスバンクＵＳＡの東京支店は、２０２１年７月７日に日本の銀行免許を取得している。

「アマゾンレンディング」

次にアマゾンについてである。アマゾンは、いうまでもなく電子商取引の世界的プラットフォーマーで、その収益は顧客の購買データを活用するビジネスモデルから生み出される。さらに最近ではAmazon Web Services（ＡＷＳ）というクラウドサービス提供の分野でも世界でトップとなっている。日本の金融に関しては、２０１４年2月、レコメンド型の融資サービスである「アマゾンレンディング」を開始した。従来型の銀行融資と異なり、書類を提出する必要がない、オンラインレンディングの先駆けとなるサービスだった。融資の対象はアマゾンマーケットプレイスの出店者である法人で、事前にアマゾンから条件提示がされた先である。金利は8・9%〜13・9%と高めで、また初回こそ申し込みから5日かかるが、2回目以降は3日程度で融資が実行されるというスピードが特徴である。しかしながら、2018年頃から今まで案内のあった事業者に案内がなくなったとの情報もあり、縮小ないし撤退した模様である。アマゾンが事業者に資金を提供するのは、あくまでアマゾンマーケットプレイスのビジネスを拡大してもらうためであるが、その点で大きなメリットがなかったということが推測される。

既存の通貨への挑戦

フェイスブックは世界的なSNSで、インスタグラムも買収してその傘下に入れたプラットフォーマーである。利用者のデータを元にした広告基盤の提供によって事業者から収益を得ている。さらに利用者の利便性を上げていくことを目指して、金融事業に関しては2019年6月に価格変動がない仮想通貨であるステーブルコインのリブラ（Libra）の計画を発表したのが記憶に新しい。複数通貨のバスケット制が特徴だった。その後、世界の金融当局の反発にあって計画は変更を余儀なくされ、2020年には名称もデイエム（Diem）と変

	ビジネスの特徴	日本の金融分野への進出状況
Google	検索利用データを活用した広告収益が主	2016年12月Google Pay 2021年７月pring買収 2022年３月みずほFGと戦略的提携
Apple	アプリをセットできるデバイスの販売収益が主	2016年10月Apple Pay Apple Card等の進出？
Amazon	ECサイトとクラウドサービスが主	2014年２月Amazonレンディング
Facebook（Meta）	SNSデータを活用した広告収益が主	なし

筆者作成

表７-４　世界的プラットフォーマーのビジネスの特徴と日本の金融分野への進出状況

更され、既存の通貨（例えばＵＳドル）を裏付け資産とするステーブルコインへと計画を変更した。しかしながら、リブラ（Libra）での印象から当局の警戒感も強く、ＵＳドル建てのステーブルコインは複数流通しており、新たな付加価値を付けて発行する道は遠い印象であった。結局２０２２年１月31日に、ステーブルコインの事業の継続を断念することになった。なお、フェイスブックは２０２１年10月28日に、社名をメタ（Meta）に変更した。

＊　＊　＊

ここまで、世界的プラットフォーマーの日本の金融分野への進出状況を概観したが、これを表にまとめた（表７－４）。彼らはすでに収益モデルを確立しているので、仮に金融に参入した場合、金融単体での利益を度外視することができる。よって大変な脅威になりうる存在であり、今後も目を離すことはできない。

第8章

土管化か、BaaS提供での逆転か

8・1　銀行は生き残れるのか

銀行業の特質

本書では、第1章から第3章までは銀行のDX動向や信用組合の地域通貨の事例を説明し、第4章、第5章では代表的なフィンテック企業の成功事例を中心に説明してきた。第6章ではデジタルバンクやインターネット専業銀行の取り組みを説明し、また第7章ではキャッシュレスサービスの世界で、通信キャリア系のサービスが銀行系のサービスを凌《りよう》駕《が》していることを説明してきた。

さて、語弊を恐れずにいえば、金融業、特に銀行（含協同組織金融機関、以降同様）は他産業とやや異なる本質的性格を持っている。それは、安定的な経営基盤があってこそ成り立つ事業であるということである。経営上、ギリギリの状況から大ヒット商品が生まれて、起死回生の大逆転が起きるようなことを期待できる業種ではないし、そのようなことを指向する経営では問題がある。信用があることがビジネスの源泉であり、それがなくては成り立たないのである。また、現状では赤字でないからといって、生き残れる業種であるともいえない。

	銀行が生き残るための対応策
1	アプリの充実とセットでの固定費の削減
2	融資系サービスによる収益の拡大
3	投資支援系サービスによる収益拡大
4	個別のコンサルティング付きの金融サービス提供による収益拡大
5	システム自体の販売による収益拡大

筆者作成

表8-1　銀行が生き残るための対応策

収益が減少傾向にあるだけで株価が下がり、第2章で述べたようにＰＢＲ（Price Book-value Ratio、株価純資産倍率）が1を大きく下回ってしまうのである。それが、銀行経営者にとっての危機感であるといえる。

本章では、本書のまとめとして、今後銀行が生き残るために、すなわち持続的に安定した経営を行うためにどのような対応策が必要なのか、そして、特に金融ＤＸをどのように活用すれば生き残っていけるのかを、五つの方策で本質的に示していく（表8－1）。

第一は、アプリの充実とセットでの固定費の削減である。第二は、融資系サービスによる収益拡大である。第三は、投資支援系サービスによる収益拡大である。第四は、個別のコンサルティング付きの金融サービス提供による収益拡大である。第五は、システム自体の販売による収益拡大である。銀行の金融ＤＸの動きを見るとき、この五つの論点にあてはめてみると、その戦略の本質が理解できるのではないかと考える。

アプリの充実と固定費の削減

まず、銀行の今後の対応策である一つ目、アプリの充実とセットでの固定費の削減について説明しよう。特に会社概要に示される国内店舗数と従業員数が代表的な計数だが、昨今のメガバンクでは、店舗や従業員数の削減が急である（表８－２）。三井住友銀行で２０１９年から２０２０年にかけて、そして三菱ＵＦＪ銀行では２０２０年から２０２１年にかけて大量の店舗削減が行われた。なお、店舗の小規模化による固定費削減も行われている。具体的には、フルサービス機能の店舗は減らし、機能を相談のみに特定した軽量店舗にすることで店舗スペースの削減や担当行員の削減が行われている。

しかしながら、単に店舗を減らすだけでは、顧客との接点が減少し、ビジネスも先細りになる懸念が強い。そこで、銀行自らが顧客との接点を増やすための策が、アプリの充実である。各銀行ともアプリの充実には積極的に取り組んでいる。第１章で説明した三菱ＵＦＪ銀行の新金融サービス提供プラットフォーム「Money Canvas」、第２章で説明したふくおかフィナンシャルグループの口座管理アプリ「Wallet ＋」、りそなホールディングスのアプリ

銀行名	2019年	2020年	2021年
三菱UFJ	758店、33,232人	748店、31,532人	519店、30,554人
三井住友	512店、28,401人	448店、28,283人	453店、28,054人
みずほ	464店、29,991人	464店、28,909人	463店、27,659人
備　考	従業員数みずほ３月末、他は９月末	従業員数みずほ３月末、他は９月末	従業員数三菱、みずほ３月末みずほ店舗数６月末、他は９月末

各社HPから筆者作成

表8-2　3メガバンクの国内店舗数、従業員数推移

が顧客との接点を増やすための取り組みの典型例である。第３章で説明した飛騨信用組合や君津信用組合の地域通貨の取り組みや、第６章のデジタルバンクの事例もその延長線上にある。

「Money Canvas」は、様々な投資運用サービスを三菱ＵＦＪ銀行のアプリ上からアクセスできるようにすることで、三菱ＵＦＪ銀行との接点を増やすことを一つの狙いとしている。

「Wallet ＋」も、銀行の入出金や残高照会以外の非金融サービスとして、情報コンテンツやポイントサービス、クーポン配信等を充実することで、顧客が日常的に利用することを狙っている（図８―１、次ページ）。

銀行のアプリは、第４章で採り上げたマネーフォワード、Zaim、マネーツリーが提供している自動家計簿に代表される個人財務管理サービス（ＰＦＭ：Personal Financial Management）が、そのライバルとなる。この分野では、既存の銀行と、フィンテック企業が争っているといえるだろう。法人向けのデジタルサ

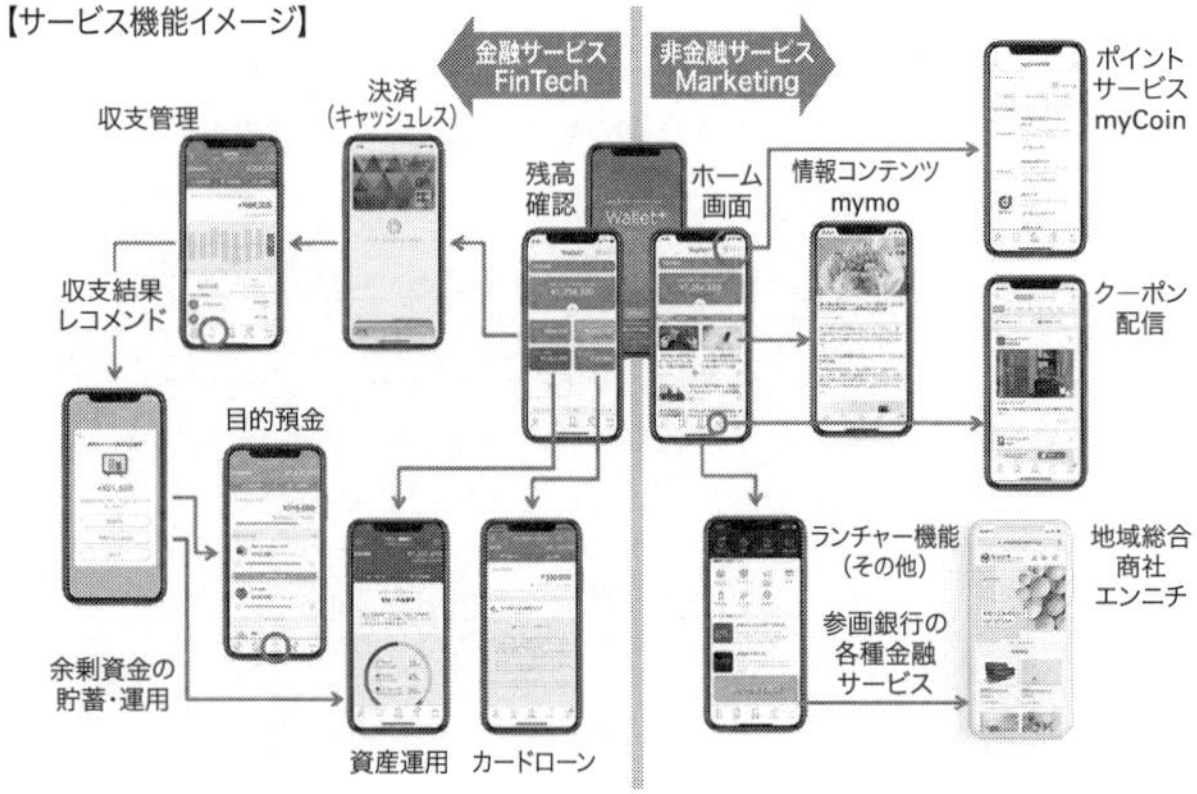

ふくおかフィナンシャルグループ2021年５月24日ニュースリリースによる

図８-１　「Wallet＋」の金融サービスと非金融サービス

ービスで他の金融機関の情報を集約できるサービスも、今後活性化してくる可能性がある。ここでは、マネーフォワードやfreeeのようなフィンテック企業が主導権を取りつつある。

銀行がデータを提供するだけでフィンテック企業が収益を得る、いわゆる土管化か、銀行が独自のアプリでデータを得るか、というせめぎ合いが始まっている。

なお、固定費を削減するとして、システム運用の費用の削減は慎重に行う必要がある。例えば第１章で取り扱ったみずほ銀行の連続障害は、コストの削減対象としてシステム保守運用を考えたことが一因である。実は、２０２１年は、他の大手銀行やスマートフォン決済企業でも様々なシステム障害が発生して

発生日	企業名	事象と対応
2021年6月8日	三菱UFJ銀行	10分間のネットワークの障害で286台のATMが停止、175件のキャッシュカード・通帳の取込が発生
2021年10月12日	三井住友銀行	外国為替システムのサーバの部品が故障し、バックアップの切替にも失敗し、最大91件の送金手続きが遅延、当日中に送金できなかった
2021年11月19日	三菱UFJ信託銀行	約1時間の間、店頭やATM、インターネットで入出金や残高照会ができなくなる（35店舗、ATM101台）
2021年11月26日	LINE Pay	JCBから受け取った前日分の決済データ（25,000件）の取込み直後にネットワーク機器が故障し通信エラーが発生。復旧後にJCBのデータが取り込まれていないものと誤認し、再度取込した結果、二重引き落としが発生。残高不足の利用者ツイッター投稿で気づき、返金対応する
2021年12月2日	楽天ペイ	決済が不成立にもかかわらず、楽天銀行からの引き落としが発生

筆者作成

表8-3　2021年に発生したシステム障害例（みずほ銀行以外）

いた（表8－3）。

金融情報システムは、様々な他のシステムとの連携によって難易度が高まっている。だから障害の発生をゼロにすることは現実的ではない。障害発生を前提として、その後の対応を速やかに行えるように、相応の経営資源の配分を行って準備しておくことが肝要である。

融資系サービスによる収益の拡大

次に、銀行の今後の対応策である二つ目の、融資系サービスによる収益の拡大について説明する。元々銀行の国内での収益モデルは、預金で集めた資金で融資をすることで得ていた。収益の源泉は、融資金利と預金金利の差である利ざやによっていた。しかしながら２０１６年にマイナス金利政策が導入されてから、この利ざやがほとんどなくなってしまうか、マイナスになってしまったのである。

　銀行の収益を見る際に、総資金利ざやという指標がある。これは資金の運用利回りと調達利回りとの差を示すものである。より厳密にいうと、貸出金や有価証券などの利息から得る「資金運用利回り」から、預金利息や人件費など資金調達に要したコストを利回り換算した「資金調達原価率」を差し引いて算出するものである。銀行の本業が収益の源泉となっているかを簡便に把握できる指標である。メガバンク３行、地銀上位４行に、本書で採り上げる北國銀行、インターネット専業銀行２行の決算の５年間の総資金利ざやを表したのが表８－４である。

　メガバンクでは、三井住友銀行が利ざやを確保している一方で、三菱ＵＦＪ銀行とみずほ銀行はマイナス、いわゆる逆ざやである。言い方を換えれば、取り引きをすればするほど赤字額が大きくなるということである。

　例えば三菱ＵＦＪ銀行の場合、首都圏等の大都市部に支店が多いため預金そのものは積み上がっているが、利ざやを確保できる融資先や運用先がない状況にある。２０２２年１月17日には、三菱ＵＦＪ銀行が、とうとう初めて日本銀行のマイナス金利の適用を受けるに至っ

	2017年3月期	2018年3月期	2019年3月期	2020年3月期	2021年3月期
三菱UFJ	0.01	▲0.04	0.09	▲0.01	▲0.03
三井住友	0.54	0.44	0.50	0.47	0.34
みずほ	▲0.09	▲0.22	▲0.13	▲0.12	▲0.01
横　浜	0.46	0.60	0.43	0.33	0.32
千　葉	0.30	0.30	0.33	0.34	0.34
福　岡	0.48	0.48	0.49	0.45	0.42
静　岡	0.26	0.27	0.33	0.27	0.29
北　國	0.23	0.27	0.16	0.12	0.12
住信SBIネット	0.70	0.68	0.68	0.64	0.65
楽　天	1.27	1.29	1.14	0.93	0.63

筆者作成

表8-4　主要銀行の総資金利ざや（単位%）

たことが報道された。このことは、利ざやの悪化に追い込まれていることを意味する。これに対して、インターネット専業銀行である住信ＳＢＩネット銀行や楽天銀行の利ざや幅の大きさが目立つ。

それでは、融資系サービスでの収益確保の方法はあるのか。収益確保には三つの要素がある。第一は返済が確実に行われること、第二に利ざやを確保できること、第三に金額が相応に大きく、事務コストを吸収可能であることの三点である。

第一の要素である返済が確実に行われることは最も重要で、返済が滞ると、その督促や管理による経費がかかってしまう上に、万一返済されず、担保等での回収もできないと、回収できない金額が損失となってしまう。

第二の要素である利ざやを確保できることは、

第一の要素とトレードオフになることが多く、返済が確実な取引先の場合、他の銀行との競争になるため、高い利ざやを確保することは難しくなる。一方、利ざやが確保できる場合、第一の要素である返済がされないリスクが高まってくる。なお、新興国市場のように成長途上にある市場では利ざやが大きい。実際、メガバンク等はアジア圏への海外進出で収益を確保している。

第三の金額が相応に大きく、事務コストを吸収可能であることも実はかなり重要である。従来の銀行の審査や手続きは、金額によらず一律の手続きで行われてきた。これは、金額が小さい融資では、金利を高くしないと事務コストを吸収できないことを意味する。しかし高い金利で契約することは現実には難しいため、金額の小さい融資案件は採り上げず、取引先も銀行融資を期待しない状況にあった。

これらの三点が銀行の融資での収益確保のネックとなっているが、少額の資金調達でもAI等を利用することで審査や融資後の事務管理コストを削減し、スピード感を出す一方で利ざやを取って利益を確保するスキームが登場してきている。具体的には、オンラインレンディングとオンラインファクタリングが代表的なサービスである。

8・2　オンラインレンディングとオンラインファクタリング

オンラインレンディング

オンラインで顧客が融資を申し込み、スピーディに融資実行されるサービスが、オンラインレンディングである。第6章での住信SBIネット銀行のdaytaや第7章でのアマゾンレンディングを紹介したが、地方銀行やメガバンクなどで、オンラインレンディングを開始した銀行がある（表8−5、次ページ）。

例えば決算書提出不要型のオンラインレンディングを、みずほ銀行と三菱UFJ銀行が2019年、りそな銀行が2020年に相次いで開始したが、3銀行とも顧客を事前に選別して提供している。この点に融資での収益確保の難しさが窺える。顧客基盤がすでにある銀行が間口を広げすぎると返済に不安がある企業の申し込みが増え、結果的に回収等の事務コストが増大してしまうからである。

サービス名（開始年月）	対 象	審査期間	融資額	金利返済期間等
dayta（旧レンディング・ワン）（2016年10月）	住信SBIネット銀行取引の法人（融資可能額を毎月レコメンド）	最短当日実行も	30,000千円まで	金利1.999%～7.999% 3回~12回の毎月元金均等返済 契約までWEBで完結、提出資料無
ビジネスローン（freee会員専用）（2016年10月）	クラウド会計ソフトfreee利用の法人、個人	最短翌日	30,000千円まで	金利1.45%～13.75%、3か月～12か月の毎月元金均等返済（PayPay銀行）
freee提携〈はまぎん〉スーパービジネスローン（2016年12月）	業歴2年以上の中小企業	最短当日仮審査回答	50,000千円まで	固定金利2.5%～変動金利2.7%~ 5年以内の元金均等返済
フィンディ（2020年9月）【ファストパス（2017年5月）後継】	福岡銀行取引の法人個人	最短即日審査	10,000千円まで	金利2%～14.0%、1か月以上36か月以内の毎月元金均等返済。オンライン契約、決算書提出必要
Q-Pit（2018年4月）	福井銀行取引の法人個人(預金明細13か月以上)	最短即日審査	10,000千円まで	金利3%～13%、1か月以上12か月以内の毎月元金均等返済。契約は紙ベース、決算書提出必要
みずほスマートビジネスローン（2019年5月）	みずほ銀行取引先で借入なくインビテーションした先	最短2営業日	10,000千円まで	金利1%台～14%、1か月～12か月元金均等返済、オンライン完結、決算書提出不要、代表者保証要
BizLENDING（2019年6月）	三菱UFJ銀行取引の法人で借入ない先	最短2営業日	10,000千円まで	金利15%未満、6か月以内、オンライン完結、決算書提出不要、保証不要
りそなビジネスローン「Speed on!」（2020年1月）	りそな銀行預金取引先で融資が無くご案内した先	最短即日審査	10,000千円まで	金利3%～9%、12か月以内、オンライン完結、保証不要、融資後に決算書類提出要

筆者作成

表8-5　銀行でのオンラインレンディング

オンラインファクタリング

オンラインレンディング以上に、少額の資金調達が可能なスキームとして銀行に採用されつつあるのが、フィンテック企業のオンラインファクタリングである。オンラインファクタリングは、すでに第1章でマネーフォワードと三菱ＵＦＪ銀行との提携によるオンラインファクタリングの取り組みや、第4章でのマネーフォワードケッサイの二社間ファクタリングEarly Payment で説明した。

ここでは、銀行とフィンテック企業の提携事例として、２０１７年４月創業のフィンテック企業ＯＬＴＡ社の事例を紹介する。ＯＬＴＡ社は、ＡＩ審査で二社間ファクタリングをオンラインで行っており、多数の銀行にオンラインファクタリング（商標名クラウドファクタリング）をＯＥＭ提供する形で提携している（表8－6、次ページ）。

ＯＬＴＡ社のクラウドファクタリングは、企業が入金待ちの請求書をＯＬＴＡ社に売却することで運転資金を調達するスキームである。借入金でないため、利用企業が借入金として決算書に記載する必要がない。また、すべての手続きがオンラインで行われるため、全国から申し込み可能である。手数料率は諸経費込みで２％から９％の範囲で提示され、契約の即日ないし翌営業日に手数料を差し引いた金額が振り込まれる。

	発表時期	銀行名	サービス名
1	2020年2月	新生銀行	anewクラウドファクタリング (合弁会社anewによる提供)
2	2020年7月	群馬銀行	群馬銀行クラウドファクタリング powered by OLTA
3	2020年7月	十六銀行	じゅうろくクラウドファクタリング powered by OLTA
4	2020年12月	青森銀行	あおぎんクラウドファクタリング powered by OLTA
5	2021年1月	鳥取銀行	とりぎんクラウドファクタリング powered by OLTA
6	2021年2月	筑邦銀行	筑邦銀行クラウドファクタリング powered by OLTA
7	2021年2月	八十二銀行	OLTAクラウドファクタリング supported by 八十二銀行
8	2021年4月	肥後銀行	ひぎんクラウドファクタリング powered by OLTA
9	2021年5月	四国銀行	四国銀行クラウドファクタリング powered by OLTA
10	2021年5月	池田泉州銀行	池田泉州クラウドファクタリング powered by OLTA
11	2021年6月	秋田銀行	OLTAクラウドファクタリング supported by 秋田銀行
12	2021年7月	三十三銀行	三十三クラウドファクタリング powered by OLTA
13	2021年8月	愛媛銀行	ひめぎんクラウドファクタリング powered by OLTA
14	2021年8月	北日本銀行	きたぎんクラウドファクタリング powered by OLTA
15	2021年10月	沖縄銀行	おきぎんクラウドファクタリング powered by OLTA
16	2022年3月	静岡銀行	OLTAクラウドファクタリング supported by 静岡銀行

同社HPによる

表8-6　OLTA社の銀行との提携実績一覧

銀行提携に関しては、ＯＬＴＡ社と銀行の双方にメリットがある。ＯＬＴＡ社はフィンテック企業であり、顧客基盤を持たないため、銀行と提携することで取引機会を増やすことができる。銀行は、今まで対応できなかった顧客企業の資金調達に対応することで、顧客との関係強化ができる。基本的にＯＬＴＡ社がリスク負担を行うことで与信リスクを負わず、ＯＬＴＡ社から手数料の一部をレベニューシェアとして受け取ることができる。

投資支援系サービスによる収益拡大

次に、銀行の今後の対応策である三つ目の、投資支援系サービスによる収益拡大を説明する。今、銀行は現在預金に対して、融資が少ない状況で資金の運用に苦労している。そこで、元々の預金になる資金を投資信託や保険商品に切り替えていくことが銀行の戦略の一つとなっている。しかしながら、本来であれば分散投資が顧客のためには必要だが、対面での取り引きにはコストがかかるため、資産形成期である20代から40代の顧客に対する投資支援が難しいのが現状である。その解決策として、第５章で説明したロボアドバイザーサービスがあり、三菱ＵＦＪ銀行を始め、多くの銀行がWealthNaviやＴＨＥＯと提携している。

また60代以上の退職後の資産保有層向けには、対面でのサービスを付加したロボアドバイザーサービスが、北國銀行、浜松いわた信用金庫、中京銀行、大光銀行で行われている。

このような銀行とフィンテック企業であるロボアドバイザーサービス企業との提携も、先ほどのオンラインファクタリングと同様、ロボアドバイザー企業と銀行の双方にメリットがある。ロボアドバイザー企業は独自に顧客開拓する基盤がないため、直接の販売には多額の広告宣伝費がかかるが、銀行と提携することで顧客基盤を広げることが容易になる。銀行の側も、顧客の分散投資で運用ニーズを自行のラインナップの一つで満たすことで、顧客の期待に応えつつレベニューシェアの手数料を受け取ることができる。

個別のコンサルティング付きの金融サービス提供による収益拡大

銀行の今後の対応策である四つ目、個別のコンサルティング付きの金融サービス提供による収益拡大について説明する。第2章で採り上げた北國銀行が、コンサルティングバンクとして企業のDX化のコンサルティングを行っているのが代表的な事例である。北國銀行は2021年10月の持株会社発足を機に、コンサルティング部を母体に、コンサルティング会社のCCイノベーションを設立した。CCイノベーションの前身である北國銀行コンサルティング部は、リーズナブルな料金ながら、打ち合わせや資料作成時間に応じた時間単価での有償サービスとしていた。収益拡大というよりは、地域の顧客の課題について対話することが目的であるが、顧客基盤の深化に繋がったと考えられる。

ただ、コンサルティング人材の育成には、様々な専門家とのネットワークや、コンサルティングスキルを高めるために相応の時間がかかるので、計画的に経営資源を配分して取り組む必要があると考える。実際には、銀行の営業店の現場では、取引先の把握を十分にできているとはいえない状況である。現状のビジネスモデルで、営業店の人員が不足気味の中で長期的に人材を育成することが求められるというジレンマが生じる。

北國銀行の場合も、顧客の本質的な経営課題に向き合うためにどうすれば良いかを経営が検討した。その結果、約10年間で全店舗の３分の１にあたる50店舗を閉店することで、本部のコンサルティング要員を捻出した。２０２１年時点で、コンサルティング会社ＣＣイノベーションに約70人、銀行本体に約30人の合計約１００人のコンサルタントが在籍するまでの体制となった。このように、店舗削減や軽量化、事務のデジタル化により、労働集約的な作業を削減し、人材を捻出するという経営の強い意志が必要になる。

仮に人材が捻出できれば、銀行には、顧客も信頼感を持っており、コンサルティングを行うことで、より収益性の高い取引につなげるという施策を行うことができる。企業間のビジネスマッチングや、人材のマッチング等も顧客との取引を深める効果がある。以上のようなことを指向する銀行が、今後増えると考えられる。

システム自体の販売による収益拡大

最後に、銀行の今後の対応策である五つ目の、システム自体の販売による収益拡大について説明する。第２章で取り扱ったふくおかフィナンシャルグループの口座管理アプリWallet＋の他銀行への販売事例や、第６章のみんなの銀行や住信ＳＢＩネット銀行のＮＥＯＢＡＮＫ等のＢａａＳ事業が挙げられる。他にも、インターネット専業銀行系を中心にＢａａＳ事業を行う事例が出てきている（表８－７）。

ＢａａＳには、二段階ある。第一段階は、専用の支店を開設するものである。第二段階は、相手の企業が銀行代理業者として金融庁の許可を受け、その企業の名称でサービスを展開する形である。

第一の専用支店開設は、スルガ銀行のインターネット専用支店や、みんなの銀行の専用支店が典型的な事例である。

第二の銀行代理業者としての例は、住信ＳＢＩネット銀行が４企業（ＪＡＬ、Ｔポイント、

提供事業者	サービス名	概　要
住信SBIネット銀行	NEOBANK	JAL、Tポイント、ヤマダデンキ、オープンハウスを銀行代理業者として、フルバンキング提供済、髙島屋、第一生命と準備中
みんなの銀行	みんなのBaaS	ピクシブ、テンプスタッフに専用支店を開設、預金機能提供済
GMOあおぞらネット銀行	プラットフォーム銀行サービス	HIS子会社H.I.Fを銀行代理業者としてBaaS基盤を提供予定 広くAPIの無料提供や実験環境提供
新生銀行グループ	BANKIT	決済機能提供
スルガ銀行	―	ANA、Tポイント、ソネット、リクルート等にインターネット専用支店を開設
三菱UFJ銀行	―	NTTドコモにフルバンキング提供予定
【参考：銀行以外】		
インフキュリオン	Wallet Station	りそな銀行、鹿児島銀行、BANKITにBaaS基盤のシステムを提供

筆者作成

表８-７　BaaS（Banking as a Service）の事例

ヤマダデンキ、オープンハウス）に対して行っている。例えばＪＡＬの場合、ＪＡＬＮＥＯＢＡＮＫとしてＪＡＬのブランド名で、顧客へのサービスを提供している。また三菱ＵＦＪ銀行とＮＴＴドコモの提携もこの段階を想定しているものと予想される。

ＢａａＳの将来に向けた論点は三つあると考える。第一は市場規模、第二は個々の収益性、第三は業規制への影響という点である。いずれも不透明ではあるが、場合によっては大きなビジネスへの変化の可能性を見込むことができると考える。

第一の論点は、市場規模である。現時

点では市場規模は不透明ではある。ただ、銀行業の免許の取得は難しいが、銀行代理業を取ることで疑似的に銀行サービスを始めるという潜在的なニーズはこれから高まっていく可能性がある。銀行が、ＢtoＣの一般顧客向けのビジネスから、いわばＢtoＢtoＣのビジネスへと転換していく端緒となる可能性は十分にあるのではないか。

　市場サイズが大きいことが明らかになれば、従来の利ざや中心のビジネスから、ＢaaＳでの収益を中心とするビジネスモデルへの変革の可能性もある。言い方を換えれば、土管化という側面よりも、ＢaaＳ収益の実利を取る動きが加速することも考えられる。ただし、そのＢaaＳ市場を制するには、優れたサービス体系と企業の導入のしやすさが必要になると考える。

　第二の論点は、サービス個々の収益性である。現状の低金利下では、銀行業本来の収益である、預金と融資の利ざやでの収益性は見込みにくい。そのような環境下で、銀行サービスに関する仕組みを利用する企業をどれだけ開拓できるかということである。利用企業側の採算性は不透明であり、結果的にＢaaＳ提供による手数料収益も大きなものは期待できるとは限らない。しかしながら、金利環境が、上昇に転じた際には変化が生じる可能性もあり、準備は必要であると考える。

第三の論点は、従来の銀行、保険、証券の間の業規制との整合性である。例えば保険会社が、銀行免許を取得せずに、銀行代理業申請だけで預金口座を実質的に提供できるようになると、銀行が免許制であるという業規制が有名無実化するという懸念がある。２０２１年12月には第一生命がＮＥＯＢＡＮＫと楽天銀行の銀行口座を利用するという提携が明らかになり、この点が問題となった。今後、ＢａａＳの進展により、銀行業の規制の有名無実化が進む可能性もある。

＊　　＊　　＊

ここまで説明してきた銀行の金融ＤＸ活用について、まとめると表８－８（次ページ）のようになる。いずれの方策でも、ＤＸ＝デジタルトランスフォーメーションには労働集約的な作業を削減し、デジタルに任すことができる部分はデジタルを活かし、その一方で人間によるサービスを、より個別顧客のコンサルティングやビジネス支援に振り向けることが裏表一体になると考える。

特に五つ目のシステム自体の販売収益に関しては、銀行自身より多くの顧客基盤を持つ企業（通信企業や、大手小売企業等）にＢａａＳを提供することで、顧客基盤を広げ、ビッグデ

	対応策	金融DXの視点	具体策
1	アプリの充実とセットでの固定費の削減	デジタルでの多様な情報やサービスの提供で、顧客との接点を増やす	店舗削減や軽量化。アプリのコンテンツ充実や、PFM（個人財務サービス）やクラウド会計との連携、デジタルバンクへの参入
2	融資系サービスによる収益の拡大	AIやデジタル化による審査や事務管理のコスト削減、スピード感で利ざや確保	顧客とのデータ連携、オンラインレンディング、オンラインファクタリング
3	投資支援系サービスによる収益拡大	デジタルによる分散投資ポートフォリオの提供	ロボアドバイザーサービスとの提携
4	個別のコンサルティング付きの金融サービス提供による収益拡大	デジタル化による労働集約作業の削減とコンサルティング人材の捻出	経営による人材再配置、コンサルティング人材の教育、育成、ノウハウ蓄積
5	システム自体の販売による収益拡大	他社でも利用可能なシステムの構築提供による持続的な収益化	アプリの販売、BaaS (Banking as a Service)

著者作成

表8-8　銀行の対応策と金融DXの活用

ータを得ることを狙う銀行が出てくる。仮に銀行が顧客から意識されないで、いわゆる土管化しても、それにより持続的な収入源を増やすという実利を取ることも選択肢となる。銀行が金融ＤＸを進め、ビジネスモデルを大きく変革することが生き残っていくための一つの方策となるのではないかと考える。

8・3　金融DXの進展で見失ってはいけないもの

銀行が考えるべき三点

最後に、銀行がビジネスモデルの変革と人材配置の変更を行うために、どうすれば良いのか、より大きな視点で考えてみたい。考慮すべき重要な点は三点あると筆者は考えている。第一に個々の銀行の社会的役割の定義、第二に顧客との情報接点拡大、第三に経営の意思である。

第一の個々の銀行の社会的役割の定義とは、その銀行の営業エリアや取引先の広がりによって変わってくる。メガバンクのように大都市圏中心に幅広い顧客基盤を持ち、海外にも多くの拠点展開をしている場合、広範な顧客間の決済プラットフォームの提供や海外進出の支援等が考えられる。一方で狭い地域での営業を行う地域金融機関の場合、その営業エリアの特性に合わせて経営資源を重点的に配置することが必要になる。事業承継のための支援やビジネスの拡大のための営業支援等が典型的なニーズとして考えられる。ただ、銀行の幅広い顧客基盤と信用は大きな無形資産である。この顧客からの信用を発展させることが今後も重要である。

第二の顧客との情報接点拡大は、顧客が何を求めているのかを多様なチャネルを通じて理解することを目指すものである。例えば個人顧客であれば、興味を持つコンテンツや商品サービスを把握するために、銀行との顧客の接点を増やすことが考えられる。その際、現在の顧客だけでは接点が少ないということもありうる。その場合、先ほどのＢａａＳや他企業との提携が考えられる。

法人顧客の場合、情報接点拡大に関しては、会計データを共有することで、より良い財務関連アドバイスができる関係を構築することが望まれる。しかしながら、他行取引までデータで連携してもらうためには、通常の信用だけではなく、役に立つ銀行と思われなければならない。そのためには、組織としてのコンサルティング能力を高めるために、人材の育成を行う施策が必要ではないかと考える。

第三の経営の意思は、最終的に最も重要である。従来の銀行の営業店の拠点を利用した対面での情報収集というビジネスモデルから、アプリやデジタルによる接点の拡大と情報連携を行うビジネスモデルへの変革が、多くの銀行では求められている。

しかしながら、そのようなビジネスモデルの変革には、店舗の統廃合により対面中心での取引を期待する既存顧客との既存の接点を縮小し、デジタルチャネルに誘導することも必要になる。そのためには、経営が銀行の社会的役割に沿った経営の方向性を、職員や顧客に示すことが必要になる。

そもそも従来の銀行のビジネスモデルでは、きめ細かい対応ができる顧客の数には限界がある。それを打破するための対応策の柱となるのが、金融ＤＸではないだろうか。その際、銀行の社会的な役割を定義することなく、最新の技術や流行を追いかけるだけでは未来は開けないと考える。そして、確固とした経営の意思に沿った金融ＤＸこそが、大きなビジネスモデルの変革と人材配置の変更を円滑に進める推進力になると考える。

あとがき

筆者は、１９８３年に大学を卒業後、銀行に32年半勤務し、そのうち、約16年をシステム部門で勤務しました。そこで、旧三菱銀行の第三次オンライン開発、東京銀行とのシステム統合、ＵＦＪ銀行とのシステム統合等、様々な大規模金融情報システムの開発に携わりました。

その中で、様々な障害対応を行い、準備していても障害が発生するという緊張感を体感してきました。システム部門の現場では、その障害発生可能性を一つ一つ丁寧に最小化していく開発や対応が行われてきました。それでも想定外のシステム障害の発生はあり得るのが現実です。そのような場合でも、顧客に影響が出ないように様々な対応策を準備しているのです。システム障害をゼロにすることはできませんが、顧客への影響を最小化するような努力や準備を、システム部門の現場では行っています。

２０１５年秋に、大学教員に転身する機会を得ました。おりしも金融におけるデジタルトランスフォーメーションであるフィンテックの動きが活発化した時期でした。銀行、証券会社、フィンテック企業の多くの方々と交流し、それまでとはまったく違った活力や視点をいただきました。

２０２１年から２０２２年にかけて、第１章で採り上げたみずほ銀行でのシステム障害が連続して発生しました。それを機に、システム開発現場で体感してきたことや、教員になってから多くの方々と交流して得た最近のフィンテックの動き、そして金融ＤＸの変化についてまとめたいと思い今回の執筆を始めました。

実は、２０１６年に博士論文をベースとした『金融情報システムのリスクマネジメント―大規模開発からFinTechまで６観点（ＣＯＲＥ－ＯＱ）の戦略的適用』（日科技連出版社）を発刊していましたが、研究書という性格が濃く、多くの方々の目に触れることはなかなかできませんでした。そこで今回は、より一般の方々にも、システム障害の発生と金融ＤＸの両方を関連づけ、現在の銀行の情報システムや金融ＤＸへの取り組みをお伝えできればと考え、新書版での刊行を考えました。

今回の出版に向けて橋渡しをしてくださった朝日新聞社の田中美保さん、藤田知也さんに心から御礼申し上げます。そして、企画段階から適切なアドバイスをいただいた光文社新書の小松現さんにも深く感謝申し上げます。また、勤務していた三菱ＵＦＪ銀行の皆様、多くの銀行、証券会社、フィンテック企業、「日経FinTech」をはじめとした報道出版関係の皆様、勤務先である静岡大学の皆様、修了先の中央大学大学院戦略経営研究科、慶應義塾大学大学院システムデザイン・マネジメント研究科の皆様、「フィンテックと企業経営」を開講している法政大学大学院イノベーションマネジメント研究科の皆様、システム監査学会、経営情報学会、日本情報経営学会の皆様にも様々なご支援をいただきました。深く御礼申し上げます。

私事となりますが、研究者としては先輩でもある妻・雪枝の叱咤激励により本書の執筆は始まりました。刊行が決まった時、大変喜んでくれましたが、２０２２年４月15日に急逝し、本書の完成を見せることができませんでした。本書を天国の妻・雪枝に捧げたいと思います。

２０２２年４月

遠藤正之

参考文献

遠藤正之（２０１６）『金融情報システムのリスクマネジメント――大規模開発からFinTechまで　６観点（ＣＯＲＥ－ＯＱ）の戦略的適用』（日科技連出版社）

日経コンピュータ（２０２０）『みずほ銀行システム統合、苦闘の19年史』日経ＢＰ

みずほフィナンシャルグループ・みずほ銀行（２０２１）「システム障害に係る対応状況について」
https://www.mizuho-fg.co.jp/release/20210405_2release_jp.html

システム障害特別調査委員会（２０２１）「調査報告書」みずほフィナンシャルグループニュースリリース
https://www.mizuho-fg.co.jp/release/20210615release_jp.html

みずほフィナンシャルグループ・みずほ銀行（２０２１）「株式会社みずほ銀行におけるシステム障害にかかる原因究明・再発防止について」
https://www.mizuho-fg.co.jp/release/20210615_2release_jp.html

遠藤正之（２０２２）「みずほ事例に学ぶ銀行システムのこれから　体制の整備と情報開示がポイントか」『月刊金融ジャーナル２０２２年５月号』

日経FinTech（２０２１）『金融ＤＸ戦略レポート』日経ＢＰ

「日経FinTech Monthly Newsletter」（２０１６年12月号、２０２０年２月号、２０２１年５月号、９月号等）

きんざい（２０２１）『金融ＤＸがよくわかる講座』

金融ジャーナル社（２０２１）『２０２２年版金融時事用語集』

町井克至・矢作大祐（２０１８）「地域通貨は地域金融システムに何をもたらすか」『大和総研調査季報２０１８年春季号 Vol.30』
https://www.dir.co.jp/report/research/policy-analysis/regionalecnmy/20180423_030004.pdf
狩野英司他（２０２１）「地域シェア４割の「さるぼぼコイン」—立役者に聞く地域通貨の成功要因、現状と今後の展望」『行政&情報システム２０２１年12月号』
小松原宰明（２０１１）「最強のポートフォリオ作り」（『日経マネー』２０１１年３月号）
遠藤正之・山崎宗人（２０２１）「ロボアドバイザーサービス WealthNavi の成長要因の考察」『経営情報学会２０２１年全国研究発表大会』
遠藤正之（２０２０）「日本のソーシャルレンディングの課題と展望」『日本情報経営学会第80回全国大会』
坂下晃他（２０１４）「クラウドファンディングによる資金調達の事例研究（ミュージックセキュリティーズ、岡山県・西粟倉村、maneo、ＳＢＩソーシャルレンディング、ＡＱＵＳＨ）」『岡山商大論叢』49（3）
ＳＢＩソーシャルレンディング株式会社第三者委員会「調査報告書（公表版）」ＳＢＩソーシャルレンディングプレスリリース
https://www.sbi-sociallending.jp/assets/pdf/report210428.pdf
経済産業省（２０１７）「FinTech ビジョン」
https://www.meti.go.jp/report/whitepaper/data/pdf/20170508001_1.pdf
経済産業省（２０１８）「キャッシュレス・ビジョン」
https://www.meti.go.jp/report/whitepaper/data/pdf/20180411002_01.pdf
山本康正（２０２１）『銀行を淘汰する破壊的企業』ＳＢ新書
城田真琴（２０２１）『エンベデッド・ファイナンスの衝撃』東洋経済新報社

【た～と】

【な～の】

【は～ほ】

【H～N】

索引（アルファベット順、あいうえお順）

【A～G】

本文図表作成　デザイン・プレイス・デマンド

遠藤正之（えんどうまさゆき）

静岡大学情報学部教授。専門は金融情報システム、FinTech（フィンテック）、情報システムのマネジメント。1983年早稲田大学政治経済学部卒業。同年三菱銀行（現・三菱UFJ銀行）に入行し、2015年9月まで32年半勤務。うちシステム部に約16年在籍し、第3次オンライン開発、東京三菱銀行システム統合、三菱東京UFJ銀行システム統合等の超大規模プロジェクトに、主に推進マネジメントの立場で参画した。'15年慶應義塾大学大学院システムデザイン・マネジメント研究科後期博士課程修了、博士（システムデザイン・マネジメント学）。著書に『金融情報システムのリスクマネジメント』（日科技連出版社）がある。

金融《きんゆう》DX、銀行《ぎんこう》は生《い》き残《のこ》れるのか

2022年6月30日初版1刷発行

著　者 ― 遠藤正之

発行者 ― 三宅貴久

装　幀 ― アラン・チャン

印刷所 ― 萩原印刷

製本所 ― ナショナル製本

発行所 ― 株式会社光文社

東京都文京区音羽1-16-6(〒112-8011)

https://www.kobunsha.com/

電　話 ― 編集部03(5395)8289　書籍販売部03(5395)8116

業務部03(5395)8125

メール ― sinsyo@kobunsha.com

R<日本複製権センター委託出版物>

本書の無断複写複製（コピー）は著作権法上での例外を除き禁じられています。本書をコピーされる場合は、そのつど事前に、日本複製権センター（☎03-6809-1281、e-mail : jrrc_info@jrrc.or.jp）の許諾を得てください。

本書の電子化は私的使用に限り、著作権法上認められています。ただし代行業者等の第三者による電子データ化及び電子書籍化は、いかなる場合も認められておりません。

落丁本・乱丁本は業務部へご連絡くだされば、お取替えいたします。

© Masayuki Endo 2022 Printed in Japan
ISBN 978-4-334-04612-5

1173
JJとその時代
女のコは雑誌に何を夢見たのか
鈴木涼美

JJに象徴される雑誌は、なぜ多くの女性の心をとらえたのか。単なるファッション情報だけではない、女性が託したもの、夢見たものとは何か。雑誌の時代への限りない愛着をこめた挽歌。

978-4-334-04583-8

1174
〈問い〉から始めるアート思考
吉井仁実

「問い」は「答え」より大きな力を持つ。生きることは「問い」の模索である——。「目に見えないものを見る」には？ アートディレクターと考える、アイデア&イノベーションの育み方。

978-4-334-04581-4

1175
オリックスはなぜ優勝できたのか
苦闘と変革の25年
喜瀬雅則

下馬評を大きく覆し、2年連続最下位からのペナント制覇は、いかに成し遂げられたのか？ 逆に、なぜかくも長き暗黒時代が続いたのか？ 元番記者が豊富な取材で綴る。

978-4-334-04582-1

1176
ヘーゲル哲学に学ぶ考え抜く力
川瀬和也

哲学の基本スキルである「考え抜く力」は、同時に人生一〇〇年時代の「社会人基礎力」でもある。十九世紀ドイツのヘーゲル哲学が、二十一世紀のビジネスに〝効く〟理由とは？

978-4-334-04585-2

1177
田舎はいやらしい
地域活性化は本当に必要か？
花房尚作

「地域活性化は正しい」——これは都会に住む者の勝手な思い込みでは？ 過疎地域在住12年の著者が、現地での調査やインタビューをもとに過疎地域の〝本音と建前〟を鋭く描き出す。

978-4-334-04588-3

光文社新書

1178
ルポ 座間9人殺害事件
被害者はなぜ引き寄せられたのか

渋井哲也

判決から1年――。わずか2カ月で9人が犠牲になった「座間9人殺害事件」はなぜ起きたのか。若者の生きづらさを長年取材してきた著者が、被害者の心情にも迫りながら再検証する。

978-4-334-04586-9

1179
メタバースとは何か
ネット上の「もう一つの世界」

岡嶋裕史

フェイスブックはなぜ「メタ（Meta）」に社名変更したのか？ ITのわかりやすい解説に定評のある著者が、話題の「メタバース」の基礎から未来の可能性までを語る。

978-4-334-04584-5

1180
「非会社員」の知られざる稼ぎ方

村田らむ

これまでにないジャンルに根を張って、長年自営で生活している人がいる。自分で敷いたレールの上にあるマネタイズ方法を、特殊分野で自営を続けるライター・村田らむが紡ぐ。

978-4-334-04587-6

1181
「廃炉」という幻想
福島第一原発、本当の物語

吉野実

増え続ける処理水、不可能に近いデブリ取り出し、行く先のない事故炉の廃棄物…なぜ国や東電は廃炉「できる」との幻想を広め続けるのか。長年の取材から「誰も触れない真実」に迫る。

978-4-334-04589-0

1182
サッカー店長の戦術入門
「ポジショナル」VS.「ストーミング」の未来

龍岡歩

ペップ、クロップ、ナーゲルスマン……。日々進化を続ける現代サッカーの行きつく先を、名将たちの知恵比べから読みとく。サッカー未経験、異色の戦術分析官による初の著書。

978-4-334-04590-6

1183

感染症としての文学と哲学

福嶋亮大

文学者や哲学者がいかに感染症＝病のイメージを自らの思考に取り入れてきたか。病とは人にとって何なのか。病気とともに生きてきた人間の一側面を鮮やかに切り取る病の文化史。

978-4-334-04591-3

1184

学校では学力が伸びない本当の理由

林純次

教育界のブラック化、教員の低レベル化、毒親の変異化、児童・生徒の二極化、カリキュラムのカオス化――8万部『残念な教員』著者による危機の教育論。より良い教育の実現のために。

978-4-334-04592-0

1185

歴史検証　なぜ日本の野党はダメなのか？

「自民党一強」を支える構造

倉山満

自民党の〝政権独占〟は「無能な野党」に支えられている――。民主政治の本来の姿とは何か。私たち有権者ができることは何か。政治を諦めないために憲政史家が歴史を遡って検証する。

978-4-334-04593-7

1186

鎌倉幕府と室町幕府

最新研究でわかった実像

山田徹　谷口雄太
木下竜馬　川口成人

従来の中世史の常識を覆す研究が次々と発表される昨今、新進気鋭の研究者四名が、最新の学説をまとめて二つの幕府の実像を明らかにする。すべての歴史愛好家注目の一冊。

978-4-334-04594-4

1187

中国が世界を牛耳る１００の分野

日本はどう対応すべきか

高橋五郎

深まる米中対立。しかし、「一帯一路」をはじめ中国の現状を見れば、どちらが勝者かは一目瞭然だ。なぜここまで国力を伸ばせたのか。その源泉を中国研究40年の著者が明らかにする。

978-4-334-04595-1

光文社新書

1188

弱くても稼げます

シン・サッカークラブ経営論

小山淳　入山章栄
松田修一　阿久津聡

真に地域に密着し、安定と成長を実現する方程式はあるのか。サッカークラブを起ち上げ5年でJリーグ入りさせた起業家が、第一線の経営学者たちと語るスポーツ産業の未来地図。

978-4-334-04596-8

1189

「現代写真」の系譜

写真家たちの肉声から辿る

圓井義典

私たちはさまざまなジャンルの写真に囲まれて暮らしている。本書では「現代写真」に着目し、日本を代表する写真家たちが何を模索し、何を語ってきたのかを辿ることで流れを一望する。

978-4-334-04597-5

1190

ネットで故人の声を聴け

死にゆく人々の本音

古田雄介

故人が生前残したブログやＨＰ、ＳＮＳからは死に際しての隠せぬ本音が見え隠れする。故人がインターネットに残した足跡とどう向き合うべきか？　15の事例から迫っていく。

978-4-334-04598-2

1191

女性自衛官

キャリア、自分らしさと任務遂行

上野友子
武石恵美子

「命を懸けてでもこの国を守る」と誓う傍ら、母親として家族も守る自衛官たちが見出した、究極のワークライフバランスとは？　女性自衛官の生の声にみる新・女性キャリア論。

978-4-334-04599-9

1192

映画を早送りで観る人たち

ファスト映画・ネタバレ――コンテンツ消費の現在形

稲田豊史

映画を早送りする視聴スタイルの背景には、現在の巨大な消費社会の存在があった。人々がそうせざるを得ない切実さに向き合い、コンテンツ受容の変化を徹底的に取材した意欲作。

978-4-334-04600-2

光文社新書

1193
写真はわからない
撮る・読む・伝える――「体験的」写真論
小林紀晴

「撮る者」は日々どんなことを考え、どう行動して写真を生み出しているのか。「誰もが撮影者」である時代に考えたい「いい写真」とは？ 初心者からプロまでに贈る、著者初の写真論！

978-4-334-04601-9

1194
物理学の野望
「万物の理論」を探し求めて
冨島佑允

物理学は何を積み重ねてきたのか。その目的は何か。難しい公式や計算は一旦隅に置いといて、まずはその歴史を知ろう。読めば途端に物理学が面白くなる、2500年の物理学史！

978-4-334-04602-6

1195
沖縄50年の憂鬱
新検証・対米返還交渉
河原仁志

二〇二二年五月は沖縄が日本に返還されて五十年。当時の交渉は、日本にとって帳尻の合うものだったのか――。ジャーナリストが新史料を交えて考察する、「いびつな日本」の原点。

978-4-334-04603-3

1196
一軍監督の仕事
育った彼らを勝たせたい
高津臣吾

勝ち続けるための「スワローズ・ウェイ」、「育てながら勝つ」チームマネジメント、「絶対大丈夫」に代表される言葉力――2年連続最下位からのペナント制覇と日本一達成の裏側を記す。

978-4-334-04604-0

1197
日本の生命科学はなぜ周回遅れとなったのか
国際的筋肉学者の回想と遺言
杉晴夫

他人の成功を妬む国民性、教授の利己性と後継者の矮小化、教授の言いなりの政府の見識欠如、記者や編集者の著しい劣化…筋収縮研究の最前線での60年の経験から綴る課題と提言。

978-4-334-04605-7

光文社新書

1198

幻想の都　鎌倉
都市としての歴史をたどる

高橋慎一朗

「古都鎌倉」は、奈良・京都とも違い、日本人の記憶と想像によってつくられた都市だった。源氏以前の時代から現代までの通史をたどることで浮かび上がる鎌倉の実像と魅力。

978-4-334-04607-1

1199

イスラムがヨーロッパ世界を創造した
歴史に探る「共存の道」

宮田律

ヨーロッパの中世から近代にかけての発展は、イスラム文明抜きに語ることはできない――。私たちが現代社会を正しく理解するために必要な「視座」とは？「意外な史実」を学び、知る。

978-4-334-04608-8

1200

孤独なバッタが群れるとき
『バッタを倒しにアフリカへ』エピソード1

前野 ウルド 浩太郎

21万部突破の『バッタを倒しにアフリカへ』の前日譚である名著が新書で登場！　バッタに関する研究成果とともに、若き研究者の苦悩と挫折、成長がユーモア溢れる文体で綴られる。

978-4-334-04609-5

1201

依存症と回復、そして資本主義
暴走する社会で〈希望のステップ〉を踏み続ける

中村英代

「意志の弱さによる病」ととらえられがちな依存症を、現代資本主義社会の必然であると著者は説く。当事者コミュニティにおける回復実践をみながら、人類の新たな共生のあり方を示す。

978-4-334-04610-1

1202

なぜ日本からＧＡＦＡは生まれないのか

山根節　牟田陽子

日本経済が停滞する一方で、絶対的な力をつけたＧＡＦＡ。その時価総額は日本の上場企業全社の合計を超える。なぜここまで差がついたのか。その理由をＧＡＦＡの歩みに探る!!

978-4-334-04611-8

光文社新書

1203
金融DX、銀行は生き残れるのか
遠藤正之

いま銀行ITで何が起きているのか。銀行は、この社会に、この時代に本当に必要なのか。メガバンクで三十二年半勤務した著者が現状を分析し、日本の金融サービスの未来を考える。

978-4-334-04612-5

1204
GHQは日本人の戦争観を変えたか
「ウォー・ギルト」をめぐる攻防

賀茂道子

GHQ民間情報教育局（CIE）の政策やそれに対する日本側の抵抗・協力の動きを検証し、占領期以降の日本人は「戦争の罪」をどのように理解していったのか、日米の心理を明らかにする。

978-4-334-04613-2

1205
緑内障の真実
最高の眼科医が「謎と最新治療」に迫る

深作秀春

失明原因第一位の緑内障。眼圧だけでなく視神経への血流不足や圧迫等も原因とされる。世界最高レベルの眼科外科医が、正しい知識とあきらめないための最新の治療法を丁寧に解説。

978-4-334-04614-9

1206
無国籍と複数国籍
あなたは「ナニジン」ですか？

陳天璽

自ら「無国籍者」として人生の大半を過ごしてきた著者が当事者に焦点をあて、国・国籍・国境を問い直す。トランスナショナルな時代に考えたい「人類社会がこれから向かうべき道」。

978-4-334-04615-6

1207
データ管理は私たちを幸福にするか？
自己追跡《セルフトラッキング》の倫理学

堀内進之介

スマホなどを通じた利己的な自己管理はどのように利他や社会へと接続可能か。リスクを検討しつつも「人文的な」批判に終始せず、慎重で開放的なスタンスから改革を提言する。

978-4-334-04579-1